Bendito Divorcio

Yanny Barrios

10 poderes para elevarte después de una ruptura

Bendito Divorcio

Primera edición autopublicada en 2024.
Panamá, República de Panamá.

ISBN: 978-9962-24-079-2

Autora: Yanny Barrios

Diseño de portada y diagramación: Areej Safi.
Fotografía: Janin Gastón.
Edición: Luigi Lescure y Eduardo Norman.
Impreso por Amazon.com Company.

© Copyright 2024 por Yanny Barrios.
Visita mi sitio web: Elevatehoy.com

Amado hijo,

Quiero expresarte mi más profundo agradecimiento por haberme concedido el inmenso privilegio de ser tu madre. Tu presencia ha sido el mejor regalo que me ha dado la vida. Gracias a ti, he aprendido a contemplar el mundo desde una perspectiva renovada y he tenido la dicha de crecer a tu lado.

Cada día, elevo mi gratitud hacia Dios por haberme confiado tan sagrado rol, el de amarte, protegerte y guiarte en este viaje llamado vida. Tu existencia ha infundido a mi ser un propósito verdadero y ha revelado ante mis ojos el auténtico significado del amor y la felicidad.

Mi amor por ti es infinito, y mi corazón rebosa de emoción ante las aventuras vividas y las que nos quedan por vivir. Tú eres la luz que ilumina mi camino, y me siento profundamente agradecida por tener el privilegio de ser tu madre.

¡Gracias, amor!

AGRADECIMIENTOS

Este libro está dedicado a aquellos que han sido mi sostén en los momentos más oscuros y difíciles de mi vida.

A mi madre, cuyo amor inquebrantable y presencia constante han sido como un faro guiándome. A mi querido hijo, quien con su sola existencia ha sido la razón de mis sonrisas y la chispa que aviva mi motivación más profunda. A mi padre, quien me ha enseñado que con esfuerzo y perseverancia se logran cosas bonitas. A mis hermanos y hermanas, padrastro y madrastra, pilares fundamentales que han estado a mi lado, brindándome su apoyo y aliento en cada paso de mi camino.

A mi familia, amigos y seres queridos. A mis mentores, *coaches*, terapeutas y compañeros de batallas, les debo mi gratitud eterna por su guía y apoyo en este viaje de autodescubrimiento. Sería imposible nombrar a todos.

A ti, querido lector, te agradezco por compartir este viaje conmigo, por tu tiempo y por abrir tu corazón a estas páginas llenas de amor y superación.

Este libro y estos agradecimientos son un tributo a cada uno de ustedes, quienes han sido mi fuente de inspiración y motivación para seguir adelante. Desde lo más profundo de mi corazón, gracias por formar parte de mi historia, por ser parte de mi "Bendito divorcio".

Con amor y gratitud infinita,
Yanny.

ÍNDICE DE CONTENIDOS

Querido lector,

Quiero expresar mi profunda gratitud por acompañarme en este viaje de descubrimiento. Este libro surge de experiencias personales significativas, incluyendo mi propio proceso de divorcio. En busca de respuestas y herramientas transformadoras, me sumergí en una variedad de fuentes: libros inspiradores, conferencias, mentorías y certificaciones, cada una guiándome de manera única a lo largo de mi camino. Hoy, estoy emocionada de compartir contigo las lecciones y estrategias que encontré útiles en mi propio proceso de crecimiento.

Es esencial destacar que cada palabra impresa en este libro refleja mi perspectiva y enfoque personal para abordar los desafíos. Al compartir estas reflexiones, mi objetivo es inspirarte y ofrecerte nuevas posibilidades. Reconozco que todos tenemos contextos y experiencias distintas, por lo tanto, te invito a explorar estas páginas con mente abierta y corazón receptivo. Toma lo que resuene contigo y deja de lado lo que no se ajuste a tu situación única.

Este libro no busca normalizar el proceso de divorcio o ruptura, ni minimizar su impacto emocional. Más bien, busca fomentar un diálogo constructivo y proporcionar herramientas que posiblemente te den la oportunidad de afrontar estos momentos con comprensión y resiliencia.

Si sientes la necesidad de orientación adicional, te animo encarecidamente a buscar el apoyo de profesionales que puedan acompañarte en tu propio camino hacia el bienestar emocional. Las sugerencias aquí presentadas no reemplazan la atención médica o psicológica especializada, especialmente en momentos difíciles.

Te animo a reflexionar sobre tu situación personal antes de tomar decisiones basadas en los consejos ofrecidos en este libro. Este proceso puede ser delicado y es esencial agotar todas las posibilidades antes de considerar opciones más drásticas.

Gracias por permitirme compartir estas ideas contigo y formar parte de tu búsqueda de crecimiento personal.

Con cariño y sinceridad,
Yanny.

altibajos y momentos de incertidumbre e inseguridad. Permítete transitarlo con amor y compasión.

Es momento de confiar en nuestra fuerza interior, en nuestra adaptabilidad y en la certeza de que merecemos una vida alegre y plena, independientemente de los retos a los que nos enfrentemos. Es importante rodearnos de personas que nos apoyen, que nos ayuden en estos momentos difíciles y nos animen a seguir adelante.

No existe una fórmula mágica y estandarizada para sobrellevar un divorcio, dado que cada individuo transita su propio camino y a su propio ritmo.

Sin embargo, establecer desde el principio las reglas que guiarán nuestra forma de afrontarlo puede acortar el período de dolor. La claridad en cómo decidimos enfrentar esta situación puede ser un pilar determinante en este viaje. Vendrán nuevas cosas, personas y nuevas experiencias. Ábrete a la posibilidad de explorarlas y ver si construyen algo sobre tu realidad hoy.

En este viaje, podemos aprender de los retos, abrazar el crecimiento personal y buscar la reconciliación interna. Siendo amables con nosotros mismos, abrimos la puerta a un futuro en el que la resiliencia y la comprensión nos guíen hacia la realización y la plenitud personal. Es importante recordar que este proceso lleva su tiempo y que no debemos precipitarnos.

Abraza el momento y camina a tu propio ritmo. Busca el apoyo de seres queridos o profesionales si es necesario. En última instancia, si afrontamos nuestros retos con compasión y amabilidad, podremos salir más fuertes y resistentes que nunca.

Abrazar el desafío del divorcio no sólo nos lleva a un viaje interno de autodescubrimiento, sino que también puede influir en cómo interactuamos con el mundo exterior. A medida que navegamos por estos momentos difíciles, es primordial recordar que nuestra actitud y cómo afrontamos estos cambios puede moldear no sólo nuestro bienestar emocional, sino también nuestras relaciones con los demás incluyendo nuestras relaciones y experiencia con nuestros hijos. Al empezar a reconstruir nuestras vidas, deberíamos dedicar tiempo a reflexionar sobre las lecciones que hemos aprendido y las formas en que hemos crecido. Si nos centramos en nuestro crecimiento personal, podremos salir de esta experiencia más fuertes, más sabios y resistentes que nunca.

El amor y la empatía hacia uno mismo serán fundamentales durante el proceso de superación del dolor de la ruptura, en consecuencia te permitirán desarrollar una mejor relación contigo mismo y con los demás.

Por otro lado, la búsqueda de apoyo externo y recursos especializados puede ser de gran beneficio. Buscar el acompañamiento de un terapeuta o un grupo de apoyo puede proporcionar un espacio seguro para procesar emociones, adquirir herramientas de afrontamiento y recibir orientación práctica durante este período de transición.

Recuerda, cada paso que damos hacia la sanación y el crecimiento después de una separación o divorcio es un testimonio de nuestra fortaleza y resiliencia. A pesar del dolor inicial, este camino espinoso también puede convertirse en un catalizador para un renacimiento personal, donde encontramos una versión más auténtica y empoderada que nos prepara para abrazar un futuro que refleje nuestra verdadera esencia, las posibilidades infinitas de poner límites y sentir paz pese a la adversidad.

Ten paciencia y confía en el proceso.

EL INICIO DE MI VIAJE

Viví uno de los momentos más dolorosos y desgarradores de mi vida al descubrir la infidelidad de mi esposo justo cuando me enteraba de que sería madre por primera vez. En un abrir y cerrar de ojos, lo que consideraba sólido y seguro se desmoronó ante mí, sumergiéndome en un remolino de desilusión y confusión. Mi refugio, mi hogar, esa esfera de amor y esperanza que tanto anhelaba, se desvaneció en un instante, dejándome desamparada e incapaz de encontrar cómo recomponer los fragmentos rotos de mi vida.

Me debatía entre la enorme dicha de convertirme en madre y el profundo desencanto provocado por el fracaso de mi matrimonio. Estaba dividida entre la ilusión y la alegría que despertaba la llegada de mi anhelado hijo, y la tristeza que me invadía de ver cómo mi vida matrimonial se desintegraba.

En este desolador escenario se abrió paso un nuevo capítulo en mi vida. Fue el comienzo de un viaje inexplorado, una travesía marcada por la superación de obstáculos en busca de reconstruir mi ser. Este viaje, lleno de altibajos, me desafió a cada paso, invitándome a descubrir fortalezas ocultas y a enfrentar mis vulnerabilidades con valentía. Era un viaje hacia la restauración de mi ser, una odisea interna en busca de sanación y una renovada versión de mí misma. Un sendero desconocido que sembraba en mí un profundo temor y ansiedad.

Afronté cada día con determinación para salir de la oscuridad, convencida de que la luz estaba próxima. Cada paso era un acto de fe, un trayecto doloroso pero esperanzador, siempre teniendo en mente el bienestar de mi hijo. Me sumergí en una profunda introspección buscando respuestas, reflexionando sobre mi vida, y enfrentando mis miedos más profundos. En medio de este proceso de transformación, me sumergí en la exploración de mis fortalezas y debilidades, adentrándome en los rincones más profundos de mi intimidad. Fue así como emergieron mi luz y mi sombra, revelándome facetas que antes permanecían ocultas. A medida que transitaba por esta travesía, aprendí a abrazar cada aspecto de mí misma con un sentido renovado de compasión y aceptación.

En esos momentos de crisis existencial, cuando el sentido de mi vida parecía desvanecerse, me vi arrastrada por la corriente del ego y sus reacciones, sin embargo, reconocí que formaban parte intrínseca de mi proceso y entendí la importancia de perseverar en él. Mientras avanzaba, me esforcé por establecer límites saludables y poco a poco comencé a sentirme mejor, confiando en mis habilidades y encontrando la paz que tanto anhelaba. Este proceso me permitió escapar de la oscuridad que me había atrapado durante tanto tiempo. Al revivir y conectar con mis recuerdos y emociones, pude abordar mi historia con amor, aceptación y empatía, lo que resultó en un profundo proceso de sanación y transformación que hoy comparto contigo.

Finalmente, la sanación me liberó del ciclo de dolor que me había atrapado y, al mismo tiempo, abrió nuevas puertas repletas de posibilidades. Descubrí mi verdadera esencia, aprendí a ser auténtica y a sentir gratitud y felicidad por lo que soy y por todo lo que tengo. Durante mi búsqueda de un propósito más profundo en la vida, exploré diversas sendas en busca de respuestas. Me sumergí en libros enriquecedores, escuché podcasts inspiradores, realicé cursos, participé en terapias, me acerqué a espacios espirituales diferentes a los de costumbre, y asistí a conferencias que desafiaron mi perspectiva. Sin embargo, el momento más significativo fue cuando me embarqué en un intenso proceso de certificación en coaching, ansiosa por liberarme del caos que parecía dominar gran parte de mi existencia. Después de muchas dudas, e inspirada por dos de mis más amados seres (mi madre y mi hijo), decidí que mi experiencia podría servir de guía para quienes no ven luz en este difícil trayecto. Hoy me siento feliz de compartir un viaje transformador que me ha permitido desbloquear nuevos niveles de mi vida.

"El divorcio es una oportunidad para redescubrir quién eres y lo que realmente quieres en la vida."

Tras un proceso de autoexploración y dedicación personal intenso, finalmente conseguí recuperar mi confianza y salir de la oscuridad que me había envuelto. Comprendí que la vida es como un sendero lleno de aventuras inesperadas, donde la felicidad no sigue un camino lineal. Ahora entiendo que somos los únicos responsables de las elecciones que dan forma a nuestro destino y que cada decisión que tomamos, ya sea grande o pequeña, actúa como un pilar que sostiene nuestra trayectoria. Desde las opciones más simples de cada día hasta las decisiones que marcan un cambio radical en nuestras vidas. Todas contribuyen a esculpir el curso de nuestro camino.

Comprendo lo desafiante que puede ser enfrentar momentos de dolor y confusión, especialmente durante una experiencia tan compleja como el divorcio o una ruptura amorosa. Mi objetivo en este espacio es brindar no solo orientación y apoyo, sino también recordarte que, incluso en las circunstancias más adversas, siempre existe la posibilidad de encontrar una luz al final del camino.

Al escribir estas páginas, mi propósito es acompañar a aquellos que se encuentran perdidos en la tormenta del desamor, ofreciendo un destello de esperanza en medio de la oscuridad y la sensación de pérdida. Es una invitación a tomar el control de tu vida y salir adelante pese a este oscuro momento de adversidad.

El divorcio puede ser un momento muy difícil en la vida de una persona, pero es necesario comprender que, incluso cuando parece imposible encontrar sentido en medio del caos emocional, este proceso también puede marcar el comienzo de una nueva etapa, repleta de amor y realización. A pesar de la incertidumbre que puedas sentir en este momento, quiero que veas este viaje como el inicio de nuevas posibilidades que te llevarán a alcanzar un nivel de desarrollo y autoconocimiento que, probablemente, desconocías hasta ahora. Un divorcio no se olvida, pero te garantizo que bien manejado, al final del camino puede ser recordado sin dolor e incluso como un aprendizaje de vida y una linda historia de transformación.

Hoy tienes la oportunidad de superar tus temores más profundos y de abrir una ventana de innumerables posibilidades. A través de este desafío, podrás aprender lecciones trascendentales sobre ti mismo, tus deseos, limitaciones y fortalezas.

A medida que enfrentes tus miedos, te darás cuenta de que posees una fuerza interior desconocida que te guiará hacia algo mejor. A pesar de las dificultades que puedas encontrar en tu camino, ten en cuenta que este proceso te brinda la oportunidad de crecer, sanar y encontrar un amor propio más sólido. Cada paso que des, por pequeño que sea, te acercará a una versión más fuerte y resiliente de ti mismo.

Esta es tu oportunidad de escribir un nuevo capítulo en tu vida, uno lleno de emocionantes posibilidades y crecimiento personal. Si estás enfrentando la tormenta del divorcio, mantén la cabeza en alto. Aunque el camino pueda parecer empinado y sin fin, cada paso que das te acerca más a la luz al final del túnel. Este viaje es tuyo para abrazar, aprender y crecer. No estás solo; estamos juntos en este camino hacia la recuperación y la esperanza.

¿Te unes a mí en este viaje?
¡Empecemos juntos!

PARTE I

Las Cadenas del Pasado

ATADA A CREENCIAS

No somos lo que creemos ser. Somos lo que elegimos ser.

— SARTRE

Cuando era niña, ansiaba el regreso a casa para sumergirme en lo que consideraba mi *"refugio de alegría"*. Recuerdo cómo una sensación de serenidad y plenitud me envolvía, nutriendo mi sueño de tener una familia sólida, equilibrada y feliz.

Mi mente era un lienzo donde pintaba escenas diversas, pero una se destacaba entre todas en mi memoria: aquel momento especial compartiendo risas y momentos de unión familiar. En mis fantasías, visualizaba un escenario donde disfrutaba de la compañía mutua después de largas jornadas de trabajo, experimentando una gratitud profunda al llegar al cálido nido de amor junto a mi familia anhelada.

Para algunos, este anhelo podría parecer común, algo fácilmente pasado por alto en la sociedad agitada de hoy en día. Sin embargo, para mí, este deseo, aunque algunos lo consideren básico, representaba el anhelo más profundo de mi corazón: construir un hogar estable, armonioso, leal y respetuoso. Un espacio de amor donde pudiera ser auténtica y compartir los desafíos de la vida junto a mi mí. Ignoré esa voz y para convencerme de que todo estaba bien, me repetía en voz alta: "¿Qué es lo peor que puede pasar? ¿qué me dejé?". Buscaba convencerme de que no pasaría nada, de que él cambiaría y consideraba esa posibilidad como un simple obstáculo que valía la pena superar.

Le entregué doce años de sueños e ilusiones, siempre fiel e íntegra. Sin embargo, me encontré en una relación que nunca estuvo en armonía con mis principios y motivaciones. Incluso amigos cercanos me señalaban estas discrepancias, pero yo me negaba a reconocerlas. Opté por entregarme por completo, dejando el destino al azar.

Ahora comprendo que mi búsqueda de atención, los pequeños detalles y la sensación de seguridad en la compañía de alguien estaban ligados a espacios emocionales vacíos de mi infancia. Intentaba llenar esas carencias con la presencia de esa persona en mi vida. Era como intentar solucionar antiguos vacíos personales a través de una relación, sin reconocer que la verdadera sanación y plenitud emocional debían provenir desde dentro de mí misma.

Además, comprendí que la ilusión momentánea de sentir que algo o alguien nos completa puede llevarnos a mantenernos en situaciones que no nos nutren genuinamente. A veces, nos aferramos a la comodidad o a lo conocido, incluso si eso significa negarnos la oportunidad de crecer o encontrar una auténtica conexión con nosotros mismos y con los demás. Esta revelación me impulsó a replantear mis prioridades y a buscar el amor y la satisfacción desde un lugar de autenticidad y plenitud personal, en lugar de depender de otros para llenar mis propios vacíos emocionales.

A pesar de que mi pareja y yo éramos afines en múltiples aspectos, nuestras visiones sobre el concepto de "hogar" diferían; algo que, por alguna razón, obvié sin cuestionar en profundidad. En mi firme deseo de formar una familia y construir una vida plena, ignoré por completo el hecho de que nuestras expectativas y enfoques hacia este objetivo no estaban alineados. A pesar de estas marcadas diferencias, había un vínculo que nos unía: quizás la necesidad compartida de sentirnos valorados y apreciados, no lo sé. Sin embargo, como en una partida de azar, la suerte que nos mantenía unidos finalmente se agotó, dejándome prácticamente sin vida.

¿Qué tiene que ver esto con la ruleta rusa? La respuesta es simple, la comprendí después de mucho trabajo personal. Me enamoré impulsada por una profunda necesidad de amor y reconocimiento. A pesar de las señales de advertencia del universo y de mi intuición, decidí seguir adelante.

Ignorar mi intuición desencadenó un dolor profundo en mí. No sólo experimenté una intensa sensación de culpa al admitir que mi intuición no se equivocaba, sino que además me desgarraba el pensamiento de que mi hijo estaba destinado a vivir aquella experiencia de mi infancia que siempre quise evitar. La magnitud de esta revelación fue devastadora. El peso de saber que mi decisión afectaba la vida de mi hijo me generó mucha angustia e incertidumbre. Verme reflejada en su potencial vivencia de una situación similar a la que yo enfrenté durante mi infancia fue una carga emocional inmensa. Sentí una profunda tristeza al comprender que, a pesar de mis esfuerzos por construir una vida mejor para él, ahora mi decisión podría exponerlo a desafíos y dificultades emocionales similares a las que yo había enfrentado. La impotencia y la tristeza me ahogaban cada vez que imaginaba a mi hijo experimentar lo que yo había vivido, lo que había sentido.

Esta conciencia me sumió en una lucha interna, entre la responsabilidad de hacer lo mejor para mi hijo y la dificultad de desligarme de una situación que, aunque no era saludable para mí, podría sembrar traumas profundos en la vida de quien yo más amaba. Tomar conciencia de esa realidad me llevó a replantear mis prioridades y tomar medidas decisivas para cambiar el rumbo. Debía buscar un entorno más estable y amoroso para ambos.

Esta decisión marcó un punto de inflexión en mi vida.

Esta experiencia me demostró que con frecuencia las respuestas a nuestros dilemas residen en nuestros corazones, a pesar de que a veces nos cueste aceptarlas, escucharlas o cuestionarlas. No se trata únicamente de anticipar posibles decepciones por parte de otros, sino más bien de reconocer la inevitabilidad de enfrentar decisiones cruciales en nuestras vidas. A menudo, nuestra intuición nos susurra señales de advertencia, indicándonos la necesidad de abordar ciertos dilemas, aunque a veces optamos por ignorarlas debido a diversas razones. Estas razones pueden ser el temor al cambio, la comodidad de la familiaridad o la ilusión de una gratificación inmediata que nos ofrece una sensación efímera de satisfacción. Sin embargo, al postergar la confrontación con la realidad, podemos estar sembrando las semillas de consecuencias negativas a largo plazo.

Comienza aquí mi viaje de sanación, un camino marcado por el dolor, las pruebas y los errores, pero también por una hermosa transformación. Este es el punto de partida en donde «Bendito Divorcio», se convierte en un catalizador crucial para el cambio y la renovación de mi vida.

ELEGIR A CONCIENCIA

La elección que hagas hoy determinará quién serás mañana.

— BUDA

A lo largo de mi vida, la incesante búsqueda de amor y aceptación me ha llevado a enfrentar desafíos que han sido los mayores de todos. Sin embargo, he llegado a comprender que depositar en otra persona la responsabilidad de satisfacer todas nuestras necesidades emocionales es irreal. He aprendido que es esencial dirigir la mirada hacia nuestro interior y descubrir los recursos que yacen en nuestro ser, capacitándonos así para crecer, evolucionar y alcanzar la plenitud de forma autónoma.

Al asumir la responsabilidad de nuestro propio bienestar emocional, nos volvemos más conscientes de nuestras fortalezas, debilidades y anhelos más profundos, lo que nos capacita para establecer conexiones más auténticas y satisfactorias con los demás. La autosuficiencia emocional no sólo fomenta un mayor autoconocimiento, sino que también nos empodera para contribuir de manera más positiva y enriquecedora en nuestras relaciones interpersonales.

A través de este proceso de autoexploración y desarrollo desde una perspectiva de plenitud interior nos capacitamos para elegir a una pareja. No desde la desesperación o desde la carencia, sino desde un genuino sentimiento de amor y afinidad que se convierte en una conexión basada en la complementariedad y el enriquecimiento mutuo, y no en la necesidad urgente de llenar huecos emocionales.

Este cambio de perspectiva posiblemente nos permita establecer relaciones más equitativas y significativas tanto con nosotros mismos como los demás. He llegado a comprender la importancia de explorarnos y cultivar nuestro propio crecimiento antes de embarcarnos en la búsqueda de una pareja. En lugar de elegir una relación desde la necesidad, debemos valorar el proceso de autodescubrimiento como un pilar indispensable para evitar caer en la dependencia emocional y darnos la posibilidad de elegir desde el complemento.

Debemos reconocer que una relación sana se cimienta en valores como el respeto, la comunicación abierta, la confianza y el apoyo recíproco. Antes de comprometernos con un compañero de vida, debemos reflexionar profundamente sobre nuestras propias necesidades y dedicarnos a nuestro crecimiento personal. Esta introspección nos capacita para tomar decisiones conscientes y fundamentadas en una conexión auténtica con la otra persona, en lugar de buscar en la relación la solución a nuestras carencias emocionales. Este proceso de autorreflexión y desarrollo personal no es un esfuerzo puntual antes de iniciar una relación; más bien, debería ser una filosofía de vida que adoptemos para cultivar relaciones saludables y satisfactorias a lo largo del tiempo.

Con frecuencia, nos dejamos llevar por la ilusión de la perfección en las relaciones, sin detenernos a evaluar si la persona que consideramos como nuestra pareja es realmente la adecuada para nosotros, y viceversa. Confiar ciegamente en que el amor será suficiente para superar todos los obstáculos y diferencias es una trampa en la que caemos con más frecuencia de lo que nos gustaría admitir. Sin embargo, esta creencia es más una utopía que una realidad tangible. Es esencial que dediquemos tiempo y esfuerzo a comprender verdaderamente a nuestra pareja y a nosotros mismos, para así construir relaciones sólidas y significativas y darnos la oportunidad de elegir si en realidad es la persona con la que queremos compartir nuestra vida.

La verdadera reflexión comienza con la introspección, explorando nuestras motivaciones y comprendiendo la conexión que compartimos con nuestra pareja. Estos pasos son claves para establecer una relación sólida y significativa. El amor requiere más que sentimientos apasionados; demanda lealtad, admiración, dedicación, compromiso y una actitud positiva hacia el bienestar y desarrollo del otro. La base de una relación saludable no sólo se sostiene en el amor, sino también en la admiración mutua, en el apoyo incondicional y la posibilidad de evolucionar y crecer juntos. Cultivar estos pilares crea cimientos sólidos que sostienen una convivencia satisfactoria y enriquecedora para ambas partes.

Walter Riso en su libro "Amar o depender" analiza las diferencias entre el amor sano y la dependencia emocional, y advierte sobre los peligros de dejarse llevar por la pasión del enamoramiento sin considerar otros aspectos importantes de la relación.

Las relaciones exitosas no se construyen sólo con el tiempo o el amor; se trata de una decisión diaria que implica respetar el compromiso adquirido, entendiendo que somos personas diferentes y no podemos pretender cambiar a la otra parte. Conocer nuestros límites y ser conscientes de la pareja que elegimos es clave para definir qué aspectos de la relación son negociables y cuáles no. Comprender el tipo de pareja que somos brinda una base sólida para elegir conscientemente a alguien que se complemente con nuestro estilo de relación, valores y metas, de esta manera, podemos construir una relación más sólida y satisfactoria.

Si estás leyendo un libro con este título posiblemente estás buscando respuestas. Y quiero que sepas que las respuestas están dentro de ti. Seguramente tu situación es diferente y tal vez no te identifiques con mi historia, pero te aseguro que el proceso puede ser igual de retador en cualquiera que sea el caso.

Reflexionando sobre mi historia, veo claramente que desde el inicio, nuestros valores y principios como pareja eran opuestos. Aunque podríamos haber sido excelentes compañeros en otros aspectos de la vida, reconocí que él no sería mi hogar. Me di cuenta de que había confundido la atención y los detalles que él me ofrecía con el amor y la estabilidad que tanto anhelaba. Aprendí que el amor no sólo implica entregarse completamente a otra persona, sino también mantenerse fiel a uno mismo y buscar una relación saludable y enriquecedora para ambas partes.

> **"La elección de tu compañero de vida afecta todas las demás decisiones que tomes; asegúrate de elegir a alguien que comparta tu visión y valores."**

Desearía haber sido más consciente de mis propias necesidades y haber tomado medidas para protegerme. El azar y el destino jugaron su papel y me encontré atrapada en una relación que no me brindaba la felicidad y el amor que merecía. Aunque fue difícil aceptarlo, llegué a un punto de quiebre donde me di cuenta de que debía tomar una decisión valiente para cambiar mi situación y buscar mi verdadera esencia, mi verdadera identidad.

Es necesario tener en cuenta que tomar una decisión consciente es el primer paso antes de contraer matrimonio. Sin embargo, a lo largo del camino de dos personas, las circunstancias pueden cambiar. A veces, sin importar cuánto tiempo y esfuerzo hayamos invertido en elegir a conciencia a nuestra pareja, la vida puede sorprendernos con situaciones inesperadas que nos llevan por senderos que no imaginamos recorrer, por ello debemos estar abiertos a la posibilidad de que las circunstancias evolucionen, sin embargo; al comprometernos activamente con nuestro crecimiento personal y mantener una comunicación abierta y honesta con nuestra pareja, podemos adaptarnos juntos a los desafíos que puedan surgir en el camino, fortaleciendo así aún más nuestros lazos y reduciendo las posibilidades de ruptura. En este proceso, es esencial llegar a acuerdos que beneficien a ambas partes de manera sana y equilibrada, reconociendo que tanto tú como tu pareja están en constante evolución y crecimiento. Como individuos, estamos en un constante estado de transformación, lo que implica que la persona que eras ayer no es necesariamente la misma que eres hoy.

Resulta doloroso ver cómo los sueños y planes que construimos juntos se desmoronan, y cómo la ilusión de un futuro compartido desaparece en un instante. Sin embargo, en medio de este caos emocional, es importante recordar que nuestro valor como individuos no se define por el éxito o el fracaso de una relación.

Cuando te encuentras ante una encrucijada que podría definir el rumbo de tu vida, te invito a detenerte y reflexionar profundamente sobre tu papel en la situación, sobre lo que realmente necesitas, deseas y sobre la persona que realmente quieres ser y tener a tu lado. Pregúntate qué estás haciendo para mejorar tu relación de pareja y cuánto has contribuido a la dinámica actual que ha distorsionado ese sentimiento de cercanía y amor que alguna vez los unió. Admitir la propia responsabilidad en los desafíos es el primer paso hacia la resolución y gestión de la situación. Además, es importante identificar que la otra parte también tiene un papel significativo en el resultado de la relación. Ambos están influenciando el curso de los acontecimientos y debemos tener en cuenta cómo cada uno contribuye al estado actual de la relación.

No todos los divorcios son causados por infidelidades, hay múltiples situaciones que llevan a las parejas a tomar decisiones complejas y difíciles como las de separarse. **Si hay la posibilidad de trabajar juntos para remediar la situación, es primordial explorar todas las opciones disponibles.** Esto podría implicar recurrir a terapias con expertos en la materia, buscar el consejo de guías espirituales o incluso conversar con amigos cercanos que hayan superado situaciones similares. La ayuda externa puede proporcionar una perspectiva objetiva y herramientas prácticas para abordar los desafíos de la relación.

En última instancia, el camino hacia la reconciliación y la restauración de la intimidad y el amor requiere un esfuerzo conjunto y un compromiso sincero de ambas partes. Es un proceso que implica autoevaluación, comunicación abierta y disposición para el crecimiento personal y de la relación. En este proceso ser pacientes y comprensivos el uno con el otro es una virtud, permitiendo el espacio necesario para el crecimiento individual y la reconstrucción de la confianza mutua. La resiliencia y el compromiso con el proceso pueden ser la clave para superar las dificultades y fortalecer el vínculo que los une.

Antes de tomar decisiones tan trascendentales como la separación o el divorcio, es imperativo haber agotado todas las posibilidades disponibles para abordar las dificultades. Este proceso requiere un compromiso total de ambas partes, que implique explorar vías de comunicación, buscar soluciones y, en ocasiones, buscar la ayuda de expertos que puedan mediar en la situación.

Sólo después de haber realizado este esfuerzo conjunto y sincero, es prudente considerar la posibilidad de cambiar de rumbo. Sin embargo, incluso en este punto, es necesario recordar que la decisión no debe tomarse precipitadamente ni de forma impulsiva.

La toma de decisiones tan significativas como estas demanda un análisis profundo y responsable, donde se ponderen no sólo las dificultades presentes, sino también los lazos emocionales, el compromiso compartido y las posibles consecuencias de esta decisión.

Si a pesar de los esfuerzos, la conclusión es que es mejor seguir caminos separados, te animo a reflexionar sobre cómo deseas manejar esta situación. **¿Será un catalizador para tu crecimiento personal? o ¿permitirás que se convierta en un obstáculo que te aleje de tus sueños y aspiraciones?**

Aunque puedas sentir que tu realidad está distorsionada por una ruptura o cualquier otro desafío que enfrentes, quiero recordarte que este momento no marca el final de tu historia. Hoy, más que nunca, tienes la oportunidad de extraer lo mejor de esta experiencia y aprovecharla como una oportunidad para potenciar tu verdadero ser. En el viaje de la vida, las decisiones que tomas son tuyas y sólo tuyas. Eres el arquitecto de tu destino, y sólo tú tienes el poder de moldear tu futuro con cada elección que haces. Mientras estés con vida, tienes la posibilidad de elegir lo mejor para tu vida.

Te invito a priorizarte, a abrazar la oportunidad de embarcarte en un viaje hacia el autodescubrimiento, la sanación y la armonía contigo mismo y con la vida. Cuando te encuentras en tu mejor versión a nivel individual, puedes cultivar relaciones basadas en la abundancia y la complementariedad, en lugar de la necesidad.

El amor verdadero no solo se encuentra, se elige. Y elegir sabiamente a tu pareja es esencial para una relación duradera.

PARTE II

Los Poderes Dentro de ti

10 PODERES PARA ELEVARTE DESPUÉS DE UNA RUPTURA

Como individuos únicos que somos, te invito a embarcarte en tu propio viaje.

Este viaje te pertenece exclusivamente a ti. Permítete recorrerlo sin presiones, sin establecer expectativas o comparaciones con otros. Cada uno avanza a su propio ritmo, y eso es totalmente válido. Tu proceso es especial; merece su propio tiempo y espacio para sanar, perdonar y elevarte hacia una versión más plena y mejor de ti mismo.

Todos cargamos con nuestro propio bagaje, nuestras experiencias únicas y nuestra manera particular de enfrentar los desafíos. No existe un manual definitivo para superar las adversidades ni un calendario que marque los tiempos precisos de sanación. **Por lo tanto, te animo a que te concedas la libertad de abrazar tu proceso individual, sin compararte con los demás ni sentir la necesidad de encajar en un determinado molde.**

La belleza de este proceso radica en la libertad que tienes para explorar, aprender y crecer a tu manera. No hay una única forma de sanar o perdonar, ni existe un camino idéntico hacia la elevación personal.

> **"La aceptación de lo que ha pasado es el primer paso para superar las consecuencias de cualquier desgracia."**
>
> **-William James**

Aceptar esta realidad puede resultar doloroso, pero también es una forma honesta de liberarse del apego y comenzar a aceptar que la resistencia sólo aumenta el sufrimiento. Aceptar la realidad de la separación conlleva admitir que la relación ha llegado a su fin y que es el momento de seguir adelante por caminos separados. Resistirnos a esta realidad únicamente traerá un dolor profundo que no nos permitirá avanzar.

Además, implica reconocer nuestra responsabilidad en la elección de la relación y comprender que, aunque las cosas no funcionaron, no debemos castigarnos por ello ni mucho menos tomar venganza contra la otra parte. No podemos esperar que estos sentimientos desaparezcan de la noche a la mañana; la sanación no es un camino lineal, muy por el contrario, es un jardín lleno de espinas en donde la realidad te aturde cada vez que te enfrentas a retos y a situaciones que acostumbrabas a hacer con tu pareja.

Independientemente de los motivos de una separación, es vital reconocer que este camino requiere autocompasión, enfoque, sacrificio del ego y enfrentamientos dolorosos con tu propio yo, pero también requiere mucha consciencia, ya que, si no hacemos consciente nuestros miedos y limitaciones, la posibilidad de hacer cambios se anula. Incluso para aquellos que deciden separarse de manera consensuada, el proceso conlleva sus propias dificultades.

Aceptar la nueva realidad es un paso obligado para liberarnos del dolor y abrirnos a un futuro más luminoso. **Implica aprender a**

soltar lo que no podemos cambiar y centrarnos en lo que sí podemos controlar.

Para mí, esta revelación fue un punto de inflexión, un momento difícil en el que tuve que enfrentar mi realidad y dejar ir lo que no dependía de mí, que a pesar del dolor era inevitable persistir en algo que ya estaba roto. Entendí que resistirme sólo prolongaría mi sufrimiento y que, si no aceptaba y tomaba acción, tendría consecuencias significativas en mi vida y la de mi hijo.

La etapa de aceptación, aunque pueda parecer simple, es una de las más desafiantes. No solamente tuve que afrontar la pérdida de mi pareja, sino también aceptar que, al menos por ahora, debía apartar mis anhelos de construir un hogar, una familia. Fue necesario aceptar que la realidad de la llegada de mi hijo no coincidiría con mis sueños preconcebidos. Este proceso de aceptación resultó ser una prueba dura y compleja, pero comprendí que, con una visión clara de mis objetivos, esta etapa podía convertirse en una oportunidad para aprender y transformar mi realidad. Aceptar va más allá de simplemente experimentar una emoción o reconocer una situación. Implica la capacidad de abrirse a nuevas formas de vivir y de enfrentar la vida con flexibilidad. La aceptación conlleva adaptarse a circunstancias cambiantes, incluidas aquellas que son difíciles o desafiantes. No se trata sólo de tolerar o resignarse, sino de abrazar activamente la realidad tal como es y permitir que influya positivamente en nuestra forma de ser y de vivir.

Te invito a detenerte un momento y reflexionar profundamente si estás verdaderamente aceptando esta situación en tu vida o si, por el contrario, la estás postergando o evadiendo. Comprendo lo difícil que puede ser hacerse estas preguntas, pero es importante darte el espacio para entender, aceptar y reconocer que es momento de soltar lo que te tiene estancado y sufriendo desde hace quién sabe cuánto tiempo.

Mereces algo mejor que este dolor. Postergar la falsa recompensa de la compañía por miedo es solo una máscara que no te permitirá sentir la plenitud que mereces. Es fundamental aceptar que debes atravesar este dolor y asumir la responsabilidad de tomar acciones enfocadas en liberarte de este momento paralizante por el miedo. Hazlo a pesar del miedo que puedas sentir; permítete experimentar esa emoción pero no permitas que te detenga. Reconoce que esta etapa ha llegado a su fin y que es momento de abrirte a nuevas posibilidades, sin depender de expectativas externas. ¿Duele? Sí, pero ¿vale la pena evitarlo? ¿Cuál es el precio que estás dispuesto a pagar?

Nadie puede obligar a otra persona a quedarse a nuestro lado si ya no es lo mejor para ambos. Acepta que no debes sentirte menospreciado o infravalorado en ninguna relación. Tu vida merece un giro positivo y significativo hacia la felicidad y el bienestar.

Cuando una persona abraza la aceptación, se inicia un proceso transformador. La recuperación se manifiesta como un camino personal y único. Aunque la aceptación marque el inicio, cada pequeño progreso en esta senda hacia la sanación se vuelve invaluable y con un significado profundo.

En este trayecto, aprendí que la aceptación no significa resignación. Más bien, implica hacer las paces con la situación tal como es, sin negar el dolor, pero al mismo tiempo abriéndome a la posibilidad de un futuro diferente. Al enfrentar la realidad con valentía, pude comenzar a reconstruir mi vida. Aceptar no sólo la pérdida, sino también la responsabilidad de mi propia felicidad me permitió liberarme de las cadenas del pasado y empezar a trazar nuevos caminos hacia la realización personal. No temas enfrentarte a la verdad y a tus emociones, pues son la esencia misma de nuestro ser, es parte de la vida. A lo largo de mi trayecto, he descubierto que este proceso sigue siendo el desafío más grande, aunque haya avanzado considerablemente. Aceptar la realidad tal cual es, reconocer nuestras emociones más profundas y luego tener el coraje de comenzar de nuevo es un ciclo que se ha arraigado en mi estilo de vida. Aunque a veces no logro gestionarlo con éxito, cada paso me brinda la oportunidad de contemplar la situación como una nueva oportunidad, un nuevo comienzo.

Entonces, ¿cómo se puede materializar la "aceptación" en acciones tangibles dentro de tu nueva realidad? La respuesta, aunque simple en su enunciado, no se traduce fácilmente en la práctica cotidiana. ¿Cómo lo logras? ¿Por dónde comienzas?

La respuesta es sencilla:

Enfócate en lo que puedes controlar y deja ir aquello que no.

La clave reside en una premisa aparentemente sencilla, pero que, en la vida diaria, se convierte en un desafío constante: concéntrate en lo que está bajo tu control y suelta aquello que no lo está. A primera vista, estas palabras parecen simples, sin embargo, llevarlas a la práctica requiere una transformación profunda en nuestra forma de abordar la vida. La esencia radica en discernir y trabajar con lo que podemos influenciar y cambiar, mientras aprendemos a liberar la preocupación y el estrés por aquello que escapa a nuestra esfera de acción.

Frecuentemente, cuando nos vemos envueltos en el torbellino emocional de un cambio tan profundo como el de un divorcio, resulta complicado detenernos a reflexionar y explorar nuestra propia profundamente en cómo las enfrentamos y cómo nos recuperamos de ellas. Al cambiar nuestra perspectiva y redefinir la historia que nos contamos a nosotros mismos, podemos transformar la forma en que percibimos el divorcio y, en última instancia, encontrar un camino hacia la paz interior. Este proceso no solo implica aceptar la realidad de la situación, sino también cultivar una actitud de compasión hacia nosotros mismos y hacia los demás involucrados.

Ser consciente de tus pensamientos es un pilar básico en el proceso de autorreflexión y cambio personal. Investigaciones en psicología positiva han revelado que los pensamientos negativos pueden activar el sistema de respuesta al estrés del cuerpo, aumentando la producción de cortisol y contribuyendo así a una serie de problemas de salud, como la depresión, la ansiedad y otras enfermedades.

Nuestro diálogo interno a menudo está impregnado por narrativas cargadas de emociones negativas, tales como sentimientos de desdicha, traición o herida. El gran problema radica en que nuestro cerebro no distingue entre lo que es fantasía y lo que es realidad. Esto significa que las historias que nos contamos a nosotros mismos, aunque sean producto de nuestra imaginación o estén basadas en percepciones distorsionadas, pueden impactar profundamente en nuestra experiencia emocional y en nuestras acciones. Es por eso por lo que la atención plena hacia nuestros pensamientos es clave, ya que nos permite discernir entre lo que es útil y lo que es perjudicial para nuestro bienestar mental y emocional.

Es cierto que no siempre podemos tener un control absoluto sobre todos los pensamientos que surgen a lo largo del día. Nuestra mente es un flujo constante de ideas y emociones que a menudo pueden ser incontrolables. Sin embargo, ser consciente de ellos, nos permitirá poco a poco tener una mejor relación con ellos, aceptarlos, reconocerlos, y en la medida de lo posible gestionarlos y cambiar su enfoque a un pensamiento más constructivo. Imagina tus pensamientos como olas en el mar y tú como un surfista experto. Aunque no puedes detener las olas, tienes la destreza para elegir cuáles surfear y cómo navegarlas. Tienes el poder de seleccionar conscientemente en qué pensamientos sumergirte y cómo interpretarlos y vivirlos.

No es lo mismo decir: "Me siento traicionada y destrozada por la infidelidad de mi pareja. Nunca podré recuperarme de esto", que decir: "Aunque la infidelidad de mi pareja ha sido dolorosa, me ha enseñado a valorar más mis propios límites y a priorizar mi bienestar emocional".

Puede haber un cambio en la historia que nos contamos y esa historia puede ser rediseñada si nos damos la oportunidad de encontrar el aprendizaje en el dolor. Al hacerlo, no solo sanamos nuestras heridas, sino que también encontramos un nuevo sentido de empoderamiento y crecimiento personal.

Una experiencia, por dolorosa que sea, puede ser una fuente de aprendizaje y crecimiento. Al indagar en tus pensamientos y analizar las lecciones de cada situación, te empoderas para avanzar de manera más positiva y constructiva. Este enfoque no sólo cambia tu narrativa interna, sino que también te ayuda a encontrar sentido y propósito en las dificultades para construir una vida post divorcio saludable y satisfactoria. Es importante reconocer que identificar y manejar nuestros pensamientos es un proceso gradual que demanda dedicación, paciencia y autocompasión. Aunque no siempre será fácil gestionar todos ellos, es posible al menos identificar aquellos que obstaculizan nuestro bienestar y trabajar en superarlos.

Te invito a tomar un momento para identificar y etiquetar tus pensamientos.

Puedes escribirlos en un cuaderno o simplemente decirlos en voz alta. Reconoce si son positivos, negativos o neutrales. Una vez que identifiques tus pensamientos, cuestiona su validez y utilidad. Pregúntate a ti mismo si estos pensamientos son realistas, y si te están ayudando o perjudicando. Por ejemplo, si tienes un pensamiento negativo sobre ti mismo, **pregúntate si realmente es cierto o si hay evidencia que lo respalde.** Ahora, toma esos pensamientos negativos y **reemplázalos por pensamientos más realistas y positivos.** Por ejemplo, si te encuentras pensando *"No soy lo suficientemente bueno"*, cámbialo por *"Estoy haciendo lo mejor que puedo, y esto me ayudará a aprender y mejorar"*. Finalmente, toma acciones concretas para cambiar tus pensamientos negativos en posibles acciones positivas. Esto puede implicar establecer metas realistas, practicar el autocuidado y rodearte de personas y actividades que te hagan sentir bien contigo mismo. Practica este regularmente para aumentar tu conciencia sobre tus pensamientos y ayudarte a desarrollar una relación más saludable con ellos.

HAGAMOS EL EJERCICIO

Ejemplo:

Lista tus pensamientos más frecuentes: ***No podré salir de esto.***

Clasifícalos en positivos, negativos o neutrales: ***Negativo***

A los pensamientos negativos, proponles un nuevo pensamiento positivo o neutral: ***Saldré pronto de esto.***

Identifica acciones positivas: ***Me concentraré en mi crecimiento personal.***

Lista tus pensamientos más frecuentes	Clasifícalos en positivos, negativos o neutrales.	A los pensamientos negativos, proponles un nuevo pensamiento positivo o neutral	Identifica acciones positivas.

Este ejercicio puede ser practicado regularmente para aumentar tu conciencia sobre tus pensamientos y ayudarte a desarrollar una relación más saludable con ellos.

NO OLVIDES

- **Tomar conciencia:** Tómate unos minutos para sentarte en un lugar tranquilo donde puedas concentrarte. Cierra los ojos y presta atención a tu respiración. Respira profundamente varias veces para relajarte.

- **Observa tus pensamientos:** Una vez que te sientas relajado, deja que tus pensamientos fluyan libremente. No intentes controlarlos ni juzgarlos. Solo observa tus pensamientos como si fueras un observador imparcial.

- **Etiqueta tus pensamientos**: A medida que observes tus pensamientos, intenta etiquetarlos de manera objetiva. Por ejemplo, si piensas en algo relacionado con el trabajo, etiqueta ese pensamiento como "trabajo". Si surge un pensamiento negativo, etiquétalo como "negativo".

- **Regresa a la respiración:** Si te encuentras atrapado en un ciclo de pensamientos, simplemente vuelve a concentrarte en tu respiración. No te preocupes por detener tus pensamientos, solo regresa suavemente a la respiración.

- **Reflexiona:** Después de unos minutos de observación de tus pensamientos, reflexiona sobre lo que has notado. ¿Hubo algún patrón en tus pensamientos? ¿Notaste una tendencia hacia lo negativo o lo positivo? Esta reflexión te ayudará a tomar conciencia de tus patrones de pensamiento.

Dedica tiempo regularmente a este ejercicio para fortalecer tus habilidades de gestión de pensamientos. Cuanto más practiques, más fácil será identificar y manejar tus pensamientos de manera efectiva y gestionar algo mejor para tu bienestar.

En lugar de quedar atrapados en esa narrativa de desdicha de lo que implica una separación, amplia el ejercicio anterior con espacios para indagar y reflexionar sobre algunos puntos que te regalen nuevas perspectivas o posibilidades.

¿Qué lecciones puedes aprender de esta experiencia?	
¿Qué fortalezas debes desarrollar para superar esto?	
¿Qué aspectos sobre ti mismo necesitas comprender mejor?	
¿Cuáles podrían ser las consecuencias de no tomar acción en este momento?	
¿Por qué esta situación te genera temor?	
¿Cómo puedes ajustar tus objetivos y enfoques ahora que tu vida ha tomado un rumbo diferente?	

¿Qué comportamientos debes examinar para evitar repetir patrones perjudiciales en el futuro?

¿Qué actividades o hábitos te proporcionan consuelo y contribuyen a tu bienestar emocional durante este proceso?

¿Cómo puedes visualizar tu vida después del divorcio y qué acciones concretas puedes tomar para acercarte a esa visión?

¿Cuál es la mejor manera de establecer límites sanos y manejar las interacciones con tu expareja de manera constructiva?

¿De qué manera puedes cultivar la compasión hacia ti mismo y hacia tu expareja para avanzar en la sanación?

¿Qué recursos, como libros, apoyo terapéutico o grupos de ayuda, pueden ser beneficiosos para ti mientras navegas por esta etapa de cambio?

Explorar estas preguntas puede brindarte claridad y un entendimiento más profundo de la situación, permitiéndote enfrentarla con mayor perspectiva y posibilitando un camino hacia el crecimiento personal, en vez de ser arrastrado por pensamientos negativos o destructivos, opta por dar más espacio a ideas positivas, constructivas y enriquecedoras.

2. TUS ACCIONES

Reconozco lo complicado que puede resultar controlar o gestionar nuestras acciones al momento de la separación, en especial cuando hay hijos involucrados. Estos momentos, cargados de emociones como ira y resentimiento, a menudo nublan nuestra habilidad para actuar conscientemente, provocando reacciones automáticas y conflictos inevitables. Atender a nuestras acciones y reacciones es prioritario en este proceso.

Es importante diferenciar entre acciones y reacciones. La diferencia entre acciones y reacciones radica en su origen y control. Las acciones son decisiones conscientes que una persona elige llevar a cabo en respuesta a una situación, mientras que las reacciones son respuestas involuntarias y ocurren de manera instantánea y sin un proceso consciente de toma de decisiones. Aunque es complicado manejar reacciones involuntarias, es posible trabajar para mejorar nuestras respuestas a cada situación con el tiempo.

Preparar acciones es valioso para actuar más y reaccionar menos. Anticipar los posibles escenarios puede ser crucial para actuar de manera proactiva en lugar de simplemente reaccionar ante las circunstancias. Al tener un plan o estrategia establecida, uno puede tomar el control de la situación y trabajar hacia sus objetivos de manera más efectiva. Esto puede ser especialmente útil en situaciones estresantes o desafiantes, como en un proceso de divorcio, donde tener acciones preparadas puede ayudar a reducir la incertidumbre y gestionar mejor las emociones.

Quiero contextualizar un ejemplo de estos dos conceptos. Imagina que llegó el momento de firmar el divorcio.

REACCIÓN	Imagina que recibes los documentos de divorcio y sientes una mezcla de emociones, como tristeza, ira y miedo, incertidumbre, etc. Te sientes paralizado por la situación y no sabes qué hacer. Finalmente, después de un período de tiempo, te enfrentas a los documentos y los firmas, pero lo haces impulsivamente, sin considerar completamente las implicaciones o tus derechos legales, seguramente ni siquiera te detuviste a leer lo que firmaste.
ACCIÓN	Por otro lado, preparas acciones con anticipación. Antes de recibir los documentos de divorcio, has investigado tus opciones legales y comprendes tus derechos y responsabilidades. Has hablado con un abogado y has discutido tu situación detalladamente. Cuando recibes los documentos de divorcio, te das un tiempo para procesar tus emociones, pero luego te sientas con calma y revisas cuidadosamente los documentos. Ahora estás preparado para firmarlos, porque has tomado decisiones informadas y has planificado tu siguiente paso con claridad y confianza en tu futuro.

La distinción entre reacción y acción, aunque a menudo pasamos por alto, desempeña un papel importante en nuestra capacidad para manejar las situaciones. No implica la ausencia de emociones o la negación de nuestras reacciones instintivas; de hecho, es imprescindible reconocer y permitirnos sentir esas emociones. Sin embargo, se trata de encontrar el equilibrio adecuado entre sentir y actuar en el momento oportuno. Cuando optamos por la acción, es probable que minimicemos la posibilidad de herirnos mutuamente, ya que nos preparamos mentalmente para abordar la situación con claridad y conciencia. En lugar de reaccionar impulsivamente, nos preparamos para afrontar los desafíos con claridad y determinación, lo que nos lleva a una resolución más efectiva y constructiva de los problemas.

Antes de abordar conversaciones importantes, enfócate en un enfoque constructivo, manteniendo claros tus objetivos y valores. Evita desviaciones en la conversación y asegúrate de que tus reacciones estén en línea con tus principios. Personalmente, me beneficia respirar hondo, antes de responder, o aplazar interacciones si mis emociones pudieran impactar negativamente en la conversación.

Es prudente posponer conversaciones difíciles cuando se tienen emociones intensas. Si la conversación se vuelve caótica, esperar el momento oportuno es una decisión sensata.

El remordimiento derivado de reacciones impulsivas puede ser un desafío delicado de manejar, ya que la carga de conciencia y el daño causado pueden ser irreversibles.

Una vez que la acción se ha llevado a cabo, no hay marcha atrás, y enfrentar las consecuencias puede generar un peso emocional abrumador. La sensación de arrepentimiento puede persistir y afectar profundamente nuestras relaciones y nuestro bienestar emocional. Es imprescindible aprender de estas experiencias y desarrollar estrategias para gestionar nuestras emociones de manera más efectiva en el futuro, evitando así decisiones precipitadas que puedan tener repercusiones negativas. Además, en estos momentos difíciles, la comunicación abierta y el autocuidado son determinantes. Mantener un diálogo franco y empático puede ayudar a reducir la tensión y encontrar soluciones más eficaces.

Para centrarnos en acciones, sugiero el siguiente ejercicio:

FOCO EN TUS ACCIONES

Enumera situaciones específicas relacionadas con el divorcio que sean desafiantes, como tratar temas de custodia, acuerdos financieros o comunicación con tu expareja.

Junto a cada situación, anota las acciones que te gustaría implementar para manejarla de manera constructiva y en línea con tus valores. Por ejemplo, si la situación es "negociar la división de bienes", podrías escribir "investigar el valor de los activos compartidos" o "considerar opciones de mediación".

Ahora que cuentas con la lista anterior, tienes una clara hoja de ruta para las acciones que debes emprender y una guía de posibilidades para abordar cada tema específico. Te recomiendo evitar actuar por impulso; en su lugar, tómate un tiempo para reflexionar y concéntrate en buscar soluciones a las diversas situaciones que puedan surgir.

FOCO EN TUS REACCIONES

Ahora, centrémonos en las reacciones. Sería muy útil que puedas hacer una lista de todas aquellas reacciones que has tenido en el pasado y que sabes que no han tenido los resultados deseados. Una vez que tengas esta lista, te invito a reflexionar sobre cada una de esas reacciones.

Elige una situación pasada en la que hayas reaccionado de manera impulsiva o emocionalmente intensa durante el proceso de divorcio.

Reflexiona sobre las emociones que experimentaste en ese momento y cómo afectaron la situación.

Identifica una estrategia de autocontrol emocional que te gustaría implementar en situaciones similares en el futuro. Por ejemplo, podrías decidir practicar la respiración consciente antes de responder o dar un paso atrás y tomarte un tiempo antes de reaccionar.

Este ejercicio te ayudará a entender mejor tus patrones de comportamiento y te dará la oportunidad de identificar áreas de mejora para futuras interacciones. Pon en práctica esta estrategia cuando enfrentes una situación similar en el futuro. Observa cómo esta nueva reacción contribuye a una interacción más constructiva. Recuerda que tus acciones reflejan tu personalidad y muestran tus áreas de luz y sombra. Aprender a manejar tus reacciones te ayudará a crecer como persona y a abordar el proceso de divorcio de manera más equilibrada y edificante. Una mala reacción puede traer sentimientos de culpa y el dolor del arrepentimiento es sumamente complejo de gestionar.

Actúa con conciencia en lugar de simplemente reaccionar impulsivamente. Solo este cambio puede ayudar a reducir conflictos y a encontrar soluciones más efectivas en diversas situaciones. Por supuesto, la efectividad de este enfoque puede variar según el contexto y las personas involucradas, pero en general, adoptar una actitud más proactiva y reflexiva tiende a ser beneficioso para manejar conflictos y desafíos de manera constructiva. Esto es un proceso que, aunque no siempre resulta a la perfección, practicarlo de manera consciente y constante te permitirá ir mejorando con el tiempo.

> **El éxito es nada más que algunas disciplinas simples, practicadas cada día. No esperes las condiciones ideales para comenzar. Comienza, y las condiciones se adaptarán a tu proceso.**
>
> **—Jim Rohn**

3. TU ACTITUD

A veces me he preguntado si mi inclinación hacia el optimismo me ha llevado a situaciones que podrían haberse evitado, y la respuesta es afirmativa. No obstante, no lamento mi visión de la vida. Mi actitud positiva ha demostrado ser una de mis mayores fortalezas, incluso cuando las circunstancias se tornan adversas. Aunque, en ciertas ocasiones, esta misma actitud me ha llevado a exponerme demasiado, aprendí que cuando la manejo con equilibrio, se convierte en un motor para descubrir nuevas oportunidades y abrir puertas hacia mi crecimiento personal y profesional.

La actitud juega un papel crucial en cualquier proceso de ruptura, ya que influye significativamente en cómo enfrentamos y superamos este desafío emocional. Es cierto que el pasado es inalterable, sin embargo, la diferencia radica en cómo encaramos este bagaje y dirigimos nuestro enfoque hacia el futuro. Tenemos el poder de decidir qué actitud queremos adoptar en esta difícil etapa. Esta capacidad de elección se extiende a todos los aspectos de nuestra vida que se ven afectados por la ruptura: nuestra relación con nosotros mismos, la dinámica con nuestra expareja, la crianza de nuestros hijos y nuestras relaciones con cualquier otra persona vinculada a esta situación. Al reconocer este poder de elección y adoptar una actitud proactiva y positiva, podemos navegar por el proceso de ruptura con mayor fortaleza y resiliencia, construyendo un futuro que esté alineado con nuestros valores y metas personales. En este punto, tu habilidad para tomar decisiones conscientes se convierte en una herramienta vital para moldear el camino que deseas construir a partir de esta nueva etapa de tu vida. Si bien la ruptura puede haber generado dolor y dificultades, también ofrece la oportunidad de crecimiento personal y transformación. Al enfocarte en el presente y en lo que está bajo tu control, puedes comenzar a cultivar una mentalidad de resiliencia y empoderamiento.

La actitud que adoptes tendrá un impacto significativo en tu bienestar emocional y en el desarrollo de relaciones saludables. Es posible ver la adversidad como una oportunidad para tu crecimiento, aprender y sanar. Puedes decidir tratar a tu expareja con respeto y empatía, beneficiando no sólo a ambos, sino también a tus hijos si los tienes. Y puedes enfocarte en establecer relaciones constructivas y armoniosas con cualquier otra persona en esta etapa de tu vida.

Considera esto como una posibilidad de **elegir dos rutas distintas.**

- Por un lado, está la actitud resiliente, donde eliges ver el divorcio como una oportunidad de aprendizaje y crecimiento, dispuesto a colaborar, negociar y hallar soluciones conjuntas. Esta actitud facilita avanzar, aprender lecciones valiosas y construir un futuro más saludable.

- En contraposición, existe una actitud tóxica y hostil, de resistencia al cambio. Esto conlleva cargar con amargura, resentimiento y negatividad, lo que nos estanca y evita enfrentar la situación por miedo. Puede ser tentador aferrarse a estas emociones y buscar venganza, pero esa actitud solamente prolongará el dolor y el conflicto, sin mejorar la realidad ni llevarnos a un lugar mejor.

Mantener una actitud abierta, compasiva y respetuosa puede facilitar la comunicación con la expareja, así como con amigos y familiares que brindan apoyo durante este período difícil. Chris Lee, experto en transformación, destaca que resistirse a eventos que evitamos tiene un costo significativo a largo plazo. Aunque a corto plazo, la resistencia puede ofrecer una sensación de alivio evitando el malestar, a la larga, limita nuestro crecimiento y éxito. Identificar nuestras resistencias ante lo que nos está sucediendo es el primer paso para detenerlas y moldear nuestra actitud ante ellas. Al identificar por qué nos aferramos podemos llegar al origen de la creencia que nos bloquea y tomar acciones concretas que ayuden a tener una actitud resiliente ante la situación. Lee, también enfatiza la importancia de identificar las consecuencias de nuestra resistencia. Esto nos hace conscientes de las oportunidades que perdemos debido a miedos que no logramos identificar. **¿Cuántas oportunidades de vida hemos dejado pasar por resistirnos al cambio?**

Nuestra actitud y relación con el pasado y el futuro son poderes decisivos que moldean el curso de nuestra vida. La resiliencia y la capacidad de soltar lo que no controlamos nos liberan del peso del pasado y nos permiten avanzar hacia nuevas posibilidades.

EJERCICIO PRÁCTICO

Reflexiona sobre tu proceso y examina si experimentas resistencia al cambio. Identifica las áreas donde sientes resistencia, reflexiona sobre tus emociones al respecto, reconoce los efectos negativos de resistirse y considera cómo puedes convertir esta situación en una oportunidad para cambiar tu futuro. Establece acciones concretas y metas para avanzar hacia la transformación deseada.

IDENTIFICA TUS RESISTENCIAS

Reconoce estas barreras emocionales o psicológicas para enfrentarlas conscientemente. Responde:

¿A qué te resistes?

¿Por qué te resistes?

¿Qué crees que te impide tener una relación sana?

¿Puedes identificar alguna creencia limitante?

AHORA, REFLEXIONA SOBRE LO QUE SIENTES

¿Cómo te hace sentir tu actuar hoy?

¿Qué crees que logras con tu actitud de hoy?

¿Qué necesitas para sentirte mejor?

¿De qué o de quién depende que te sientas mejor?

IDENTIFICA LOS EFECTOS A LARGO PLAZO DE RESISTIRTE

¿Qué ganas al resistirte al cambio?

¿Qué pierdes con resistirte?

¿Cuáles serán las consecuencias de no actuar en este momento?

REFLEXIONA SOBRE TU VISIÓN Y METAS

¿Cuál es tu visión para el futuro?

¿Dónde deseas estar emocional y mentalmente?

¿Cómo te gustaría sentirte?

¿Qué debes hacer para lograrlo?

Identifica tus metas y visualiza cómo te gustaría que fuera tu vida. Reconoce los obstáculos que se interponen en tu camino y busca formas de superarlos. Es importante evitar juzgar aquello a lo que te resistes, ya que el juicio alimenta y fortalece esa resistencia. La clave está en rendirse, abrazar y aceptar de manera sincera estas resistencias.

Este acto de aceptación y rendición es indispensable para redirigir la energía hacia un cambio positivo. Con autenticidad, reconoce y acepta estas resistencias, abrazarlas y ríndete ante ellas. Este acto no es de debilidad, sino de valentía y autoaceptación, permitiéndote liberar la carga emocional que conllevan.

Enfócate en tus objetivos, reconociendo los desafíos y hallando estrategias para superarlos. Recuerda, la resistencia obstaculiza un cambio de actitud. Al abrazar el cambio y trabajar activamente hacia tus metas, te acercas a una vida más abundante y llena de posibilidades.

En lugar de buscar culpables sobre el fracaso de la relación, acepta que las relaciones son un intercambio continuo, donde la responsabilidad es compartida. Reconoce tus propias contribuciones a la dinámica relacional, reflexiona sobre tus acciones y aprende de estas para futuras interacciones. Hay que reconocer que el final de una relación rara vez se debe a un solo factor o la conducta de una única persona, los motivos pueden ser infinitos. Frecuentemente, es una combinación de diferentes aspectos y experiencias acumuladas lo que contribuye al desgaste o distanciamiento en una relación. A veces, simplemente, las personas crecen en direcciones diferentes y, aunque ambos hayan invertido esfuerzos, la alineación emocional y mental ya no es la misma. Otras veces, se intentó todo y no se logró la reconciliación. Considero que no se trata de encontrar a un culpable, sino de comprender que la vida cambia, que es cíclica y que cada individuo tiene su propia perspectiva y motivación tras sus acciones. Esta comprensión abre la puerta hacia la sanación y el perdón, tanto hacia el otro como hacia uno mismo. Al liberarnos de la búsqueda de culpables, nos enfocamos en la sanación y reconstrucción de nuestras vidas. Perdonar, no necesariamente por el bien de la otra persona, sino por el propio, nos libera del dolor emocional y nos brinda la oportunidad de avanzar hacia el futuro con más claridad y liviandad.

En ocasiones, buscar ayuda profesional puede ser beneficioso para navegar por estos sentimientos y obtener una comprensión más profunda y objetiva de lo ocurrido. Este proceso puede liberarnos del peso de la culpa y el resentimiento, permitiendo así un crecimiento personal aún después del final de la relación. Igualmente, considera cuáles serían las consecuencias de no actuar ante las circunstancias que enfrentas. La mayoría de los resultados que experimentamos en la vida son el fruto de nuestras decisiones. Si deseas cambiar algo que te lastima o te preocupa, te invito a detenerte a reconsiderar lo que necesitas para concretar ese cambio. La célebre frase de Séneca; "**El cambio es la ley de la vida, y aquellos que sólo miran al pasado o al presente están condenados a perder el futuro",** nos recuerda la importancia de la autoconciencia y el autoexamen en la toma de decisiones, así como la necesidad de aceptar la responsabilidad de nuestras elecciones y aprender de ellas.

Por último, durante el proceso de aceptación es importante que sueltes las expectativas poco realistas sobre cómo debería ser tu vida o tu relación con tu expareja. Estas expectativas pueden conducir a decepción y sufrimiento. Cada persona es única, con sus propias experiencias, valores, formas de expresarse y actuar. Esperar que nuestra expareja se ajuste completamente a nuestras expectativas es poco realista y, en última instancia, poco saludable para ambas partes. En lugar de ello, podemos practicar la aceptación y la comprensión, permitiendo que cada uno siga su propio camino de manera individual. Esto no implica renunciar a nuestras necesidades y deseos, sino más bien adoptar una actitud más flexible y compasiva hacia nuestra expareja, o simplemente dejar de aferrarnos a expectativas que sabemos que pueden ser imposibles de alcanzar.

Al comunicarnos de manera abierta y honesta, podemos establecer expectativas realistas y trabajar para cerrar ese capítulo de nuestras vidas de manera saludable y con los límites necesarios que nos permitan seguir adelante con corazones sanos y abiertos a nuevas experiencias sobre todo cuando hay hijos de por medio.

Es cierto que la actitud ante una ruptura puede variar dependiendo de la situación y las emociones involucradas, pero podemos gestionarlas si realmente las integramos como parte de nuestro objetivo y propósito de crecimiento personal. Aceptar la realidad de la separación, respetar los límites mutuos y fomentar la comunicación abierta y honesta tiende a generar mejores resultados que reprimir nuestras emociones, aferrarnos al pasado y tratar de controlar aquello que está fuera de nuestro alcance.

Desde una perspectiva psicológica, adoptar una actitud de aceptación activa hacia la ruptura puede ser trascendental para procesar emociones difíciles y avanzar hacia la recuperación emocional. En lugar de resistirse o negar el dolor, es importante permitirse sentir y experimentar todas las emociones asociadas con la separación.

La negociación de límites claros y el establecimiento de expectativas realistas pueden ayudar a reducir conflictos y promover una separación más amistosa y colaborativa. La recuperación y el proceso de soltar expectativas no ocurren de la noche a la mañana. Date tiempo para sanar y avanzar a tu propio ritmo. A medida que progresas, celebra cada logro, por pequeño que sea. Reconoce tus éxitos y valora el progreso alcanzado. Si te sientes estancado, busca apoyo en amigos, familiares o incluso un terapeuta.

Aquí tienes algunos ejercicios prácticos para cultivar la aceptación.

EJERCICIO PRÁCTICO

1. Mi carta de despedida

Te invito a escribir una carta de despedida dirigida a tu expareja, expresando libremente todos los pensamientos, sentimientos y emociones que necesitas compartir. Esta actividad puede ser un poderoso ejercicio que te ayudará en el proceso de cerrar este capítulo emocionalmente. Permítete ser honesto y auténtico en tus palabras, sin preocuparte por el juicio o la respuesta de la otra persona. Esta carta es para ti y para tu proceso de sanación, así que tómate tu tiempo y escribe todo lo que necesites decir para encontrar paz y aceptación. (No es necesario que lo compartas).

Querida expareja,

Encontré paz
y aceptación,

2. Visualiza tu futuro y acciona

Toma una hoja de papel o un diario y dedica un tiempo a escribir sobre cómo te gustaría que fuera tu vida a partir de este momento, siendo consciente de que ya no estás en una relación con tu expareja. Concéntrate en aspectos que estén bajo tu control y en cómo puedes enfocarte en tu propio crecimiento y bienestar. No te limites. Considera cómo deseas que sea el trato en tu relación, la convivencia con tus hijos y familiares, cómo te gustaría sentirte. No dudes en mencionar emociones, canciones, frases inspiradoras o personas que te motiven. Visualiza tu vida una vez que hayas liberado todas las expectativas y estés avanzando hacia tus metas. Este ejercicio de visualización y planificación puede ser una fuente de motivación para ti.

¿Cómo te imaginas tu vida a partir de este momento? Considera cómo te gustaría que fuera tu relación con tu expareja y cómo te gustaría interactuar con ella en el futuro.

3. Ahora, enumera lo que crees que debes hacer para que eso suceda. No importa cómo reacciona la otra persona, enfócate en lo que depende de ti. Es importante que te tomes el tiempo para definir tus metas y prioridades. **¿Qué deseas lograr en tu vida después de esta experiencia?** Ya sea crecimiento personal, una relación más saludable con tu expareja o cualquier otra cosa. Ten claro qué quieres.

¿Qué necesitas para lograrlo?

Nota:

Si no sabes lo que quieres, comienza por listar lo que no quieres. Esto te ayudará a identificar tus verdaderas preferencias y a enfocarte en lo que realmente te importa y motiva.

A continuación, traza un plan de acción con pasos específicos y alcanzables. Esto te ayudará a centrarte en acciones concretas en lugar de preocuparte por las expectativas no cumplidas. Lista acciones que harás para acercarte cada día a eso que quieres sentir y ponlas en práctica. Mide tus esfuerzos y resultados diariamente hasta que se vuelva un hábito. Tu compromiso y coherencia serán tus aliados para lograr resultados.

Lista acciones en tu control para lograrlo.

PLAN DE ACCIÓN

Por último, recuerda que es importante que identifiques aquellos pensamientos, acciones y actitudes que contribuirán positivamente a tu proceso de divorcio. Concéntrate por completo en lo que está dentro de tu control. **Deja de lado las expectativas y procura disfrutar cada paso de este camino.** Permítete ser comprensivo contigo mismo y celebra cada avance significativo que logres. Recuerda que esto no se trata de una competencia de velocidad, sino de resistencia y perseverancia. Con una actitud positiva, cambios en tus pensamientos y acciones, seguramente te sentirás fortalecido para superar este desafío y seguir adelante.

Si tienes hijos en común con tu expareja, te recomiendo dedicar tiempo todos los días para cerrar los ojos y visualizar una comunicación efectiva y pacífica con tu expareja. Imagina una conversación en la que ambos se escuchan con respeto y cooperan para encontrar soluciones. Esta práctica puede ayudarte a prepararte mentalmente para las interacciones reales y fomentar una actitud más positiva hacia las conversaciones futuras.

Si no tienes hijos en común, el **'contacto cero'** es una herramienta valiosa. Al implementarlo, te invito a reflexionar sobre la necesidad real de mantener comunicación con tu expareja. No temas establecer límites saludables; es fundamental para tu propio bienestar. Al eliminar esta influencia, te brindas la oportunidad de enfocarte en tu crecimiento personal, procesar tus emociones y avanzar hacia una vida sin ataduras del pasado.

EL PODER DE
Tomar responsabilidad

2
EL PODER DE TOMAR RESPONSABILIDAD

Nuestra vida cambia en el momento en que tomamos una nueva decisión.

— TONY ROBBINS

Durante mi proceso de divorcio, surgió en mí una profunda necesidad de documentar mi historia en un libro. Esto no sólo sería un cierre de capítulo en mi vida, sino también un testimonio de los desafíos que enfrenté y de la posibilidad de salir adelante tras la pérdida de un sueño. Aunque no planeaba publicarlo, anhelaba tener un registro personal para recordar los sucesos y así no volver a experimentar tanto sufrimiento. De manera inconsciente, quería dejarle a mi hijo un relato sobre lo que había sufrido y cómo las acciones de su padre nos impactaron por tanto tiempo. En ese momento, a pesar de mi claridad de querer lo mejor para nuestra relación, aún seguía herida, llena de rencor y resentimientos, pero no lo admitía.

Me hallaba en un estado de vulnerabilidad profundo. Empecé a cuestionar mis ideales y valores personales, culpando exclusivamente a mi exesposo por todas las dificultades experimentadas. Buscaba pretextos para recriminarle el daño que me había causado y tomaba acciones de las cuales luego me arrepentía, lo que generaba en mí una doble desilusión por haber actuado de esa manera.

Es difícil plasmar en este escrito todas las emociones que sentí. Viví un profundo dolor por la traición de la persona a quien le había entregado una década de mi vida. Descubrí sentimientos en mí que desconocía. Puedo decir que por un tiempo me convertí en otra persona. De pronto me vi deseando cosas que no me llenaban de orgullo ni de paz. Actuaba de manera irresponsable y reaccionaba como una fiera adolorida. Lo único que quería era despertar de ese sueño que me aterraba.

A menudo, la claridad se despliega en los momentos más inesperados. Recuerdo aquel día en el que me sumergí en la revisión minuciosa de cada página que había escrito. Ellas guardaban el dolor que me había permitido sentir y todo el tiempo que estuve paralizada. Fue entonces, en medio de esa introspección, cuando una tormenta de emociones me invadió y las lágrimas empezaron a fluir sin control. Al pronunciar en voz alta las palabras que había plasmado me llené de sentimientos encontrados.

Escuchándome, me di cuenta de que no podía atribuir todas las dificultades experimentadas únicamente a las acciones de mi ex-pareja, pues yo también había permitido que esas circunstancias tomarán forma. En ese momento reconocí mi responsabilidad ante lo que estaba sucediendo.

En ese instante, una mezcla de desilusión y autocrítica me abrumó por completo. Me sentí desprotegida, desnuda ante la realidad que había ignorado por tanto tiempo. Culparme a mí misma se volvió inevitable. ¿Cómo pude permitir que mi vida tomara este rumbo desafortunado? ¿Por qué no actué conforme a mi instinto? Esas preguntas resonaban constantemente en mi mente, sumiéndome en una profunda reflexión.

A pesar de haber invertido tiempo y esfuerzo en mejorar diferentes áreas de mi vida, me vi sorprendida al descubrir que había dejado que una situación tan dolorosa e insatisfactoria se gestara sin intervenir a tiempo. Esto fue un golpe duro para mi autoestima y me recordó la importancia de asumir responsabilidad por mis decisiones y acciones. Esta revelación me motivó a ser más consciente de mis elecciones y a no posponer la atención necesaria hacia cualquier problema que surja.

Este episodio, aunque doloroso, me brindó una clara iluminación sobre la necesidad de trabajar en mi interior, sanar mis heridas y admitir que, a pesar de mi deseo de mejorar cada día, no podría lograrlo sin las herramientas adecuadas. Entendí que debía adentrarme en mí misma, reflexionar sobre lo que había obstaculizado mi capacidad para tomar decisiones con claridad y escuchar la voz profunda que a veces preferiría ignorar.

En ese momento, decidí asumir la responsabilidad de mí misma, de mis elecciones y acciones. Durante ese proceso, me encontré con la soledad y muchos miedos; había momentos en los que dudaba de mi capacidad y permitía que mis pensamientos negativos se interpusieran en mis acciones, manteniéndome en una zona de confort insatisfactoria, pero sabía que nada cambiaría si no tomaba las riendas de mi vida. Ya no se trataba de lo que otro pensara de mí, sino de lo que yo misma haría por mí.

Culpar a otros podía parecer la opción más fácil, pero enfrentar mis propias acciones y reconocer que era la responsable de mi propia vida resultaba doloroso. Al aceptar esta responsabilidad, aprendí a sintonizar con mi intuición, a priorizarme frente a los demás y a comprender que voltear el espejo hacia mí era esencial para mi crecimiento. Reconocí que no podría ofrecer lo mejor de mí a los demás si no estaba dispuesta a dármelo primero a mí misma.

A través de esta introspección, comprendí que el crecimiento personal implica enfrentar nuestros propios miedos, debilidades y errores para avanzar con mayor fuerza y sabiduría en el futuro. Además, reconozco la importancia de trabajar en mi antes de embarcarme en una relación sentimental. De entender y abrazar mis imperfecciones para construir relaciones más auténticas y saludables, basadas en la honestidad, la autoaceptación y el crecimiento mutuo.

El fin de una relación, ya sea un matrimonio o una unión sentimental, suele sumergirnos en un remolino emocional donde a menudo buscamos culpables, señalando con premura quién tuvo la culpa de la ruptura. Sin embargo, más allá de ahondar en un juego de señalamientos, es preciso asumir la responsabilidad de nuestras propias acciones y decisiones durante el transcurso de la relación.

Hoy entiendo que no se trata únicamente de buscar quién fue el responsable o el culpable del divorcio o la separación. Es indispensable comprender que, en muchas ocasiones, las dinámicas de una relación se vuelven disfuncionales, y es mandatorio enfrentar esta realidad desde una perspectiva más amplia. Debemos admitir que la relación ya no es funcional, lo que implica una mirada honesta hacia el vínculo que, en su momento, nos aportó tanto.

Puede que la disfunción provenga de uno mismo de manera individual, de nuestra pareja, o de ambos. Sin embargo, quedarnos anclados intentando entender qué pasó o esperando que la otra persona reconozca su responsabilidad en la relación no necesariamente conduce a una solución. En lugar de ello, podemos preguntarnos **¿qué necesitamos nosotros?, ¿qué nos brindará paz?, ¿qué está en nuestro control?** Esta reflexión nos permite enfocarnos en nuestro propio crecimiento y bienestar, en lugar de aferrarnos a expectativas irreales o esperar una validación externa que puede no llegar.

La toma de responsabilidad en estos momentos demanda valentía. Implica dejar de lado el orgullo y el ego, y sumergirse en un proceso de introspección honesta. Reconocer nuestras fallas, entender cómo nuestras acciones (o la falta de ellas) influyeron en la dinámica de la relación, y aceptar que somos responsables de nuestro propio bienestar emocional.

Este proceso no sólo involucra mirar hacia atrás, sino también hacia adelante. Tenemos la posibilidad de aprender a perdonarnos a nosotros mismos y a la otra persona, liberándonos de cargas emocionales que nos permitan avanzar hacia nuevas oportunidades y relaciones más sanas en el futuro. Al abrazar nuestras vulnerabilidades y áreas de mejora, podemos trabajar en desarrollar una mayor autoconciencia y habilidades para manejar futuras situaciones de manera más saludable y constructiva. De esta manera, la ruptura no solo se convierte en un punto de inflexión en nuestras vidas, sino también en una oportunidad para cultivar la resiliencia y el autodesarrollo.

> **"La verdadera libertad es asumir la responsabilidad de uno mismo."**
>
> **-Jonathan Lockwood Huie**

En última instancia, asumir la responsabilidad de nuestras acciones y decisiones no implica cargar con toda la culpa, sino más bien, implica tomar las riendas de nuestro propio crecimiento emocional y utilizar la experiencia como un trampolín para evolucionar y construir relaciones más sólidas y satisfactorias en el futuro.

Tomar responsabilidad y un rol protagonista en el proceso de divorcio puede ser desafiante, pero hay algunas claves que pueden ayudar.

CONOCIMIENTO SOBRE TI MISMO

Vivimos desconectados de nuestras verdaderas necesidades y deseos. A menudo, aceptamos nuestra realidad sin cuestionar ni actuar sobre ella. Deambulamos por la vida en busca de recompensas superficiales y, peor aún, evadimos asumir plena responsabilidad por nuestras decisiones, convirtiéndonos muchas veces en causantes de nuestro propio dolor y del de los demás. Si verdaderamente deseamos un cambio, no podemos seguir repitiendo las acciones que nos han llevado hasta este punto. Es por ello que considero necesario cuestionar nuestras creencias arraigadas, indagar y reflexionar sobre nuestras elecciones pasadas y estar dispuestos a explorar nuevas perspectivas y enfoques. La clave para este proceso de transformación radica en la exploración interna, en la disposición de mirar hacia adentro y examinar con sinceridad nuestra forma de pensar, sentir y actuar.

Al dedicar tiempo para comprender ¿por qué somos como somos?, ¿por qué tomamos ciertas decisiones?, ¿por qué experimentamos ciertos sentimientos? tenemos la oportunidad de descubrir las raíces de nuestras motivaciones, creencias y forma de actuar. Esta exploración nos brinda la oportunidad de profundizar en nuestra propia psique, identificar patrones de comportamiento y pensamientos lo que nos regala la oportunidad de conectar de manera profunda con nuestro verdadero yo.

La falta de autoconocimiento e introspección se convierte en una batalla interna que nos impide entender nuestras propias necesidades, deseos y límites. Sin esta comprensión profunda de nosotros mismos, es difícil establecer relaciones saludables y satisfactorias con los demás.

Este proceso requiere acción, compromiso y una firme determinación para avanzar hacia la vida que anhelamos. Comienza dando pasos pequeños, pero consistentes, adoptando hábitos y acciones que te acerquen cada vez más a tus objetivos. Recuerda que la transformación comienza desde adentro hacia afuera, y cada paso que des cuenta en la búsqueda de tu bienestar y realización personal sacando del medio las máscaras de la justificación, la razón y el ego. Ampliaremos sobre este concepto en el poder el autoconocimiento.

LA AUTOCONFIANZA

No es fácil confiar en uno mismo y en los demás después de una decepción o traición. Es como si cuestionaras tu propia existencia, sintiendo un vacío y dudas que no te permiten reconocer tu verdadero valor como persona. Esta desconfianza, impulsada por la traición de otros, nos lleva a dudar incluso de nosotros mismos y de nuestra valía. **Nos sentimos culpables e incapaces de ver el mundo con una perspectiva positiva.** Sin embargo, la realidad es que nuestro valor intrínseco no depende de las acciones de los demás.

Nuestra valía, nuestro poder y nuestra verdadera esencia no están definidos por lo que otros hagan o dejen de hacer. Un divorcio o ruptura puede hacernos sentir vulnerables y frágiles, pero es fundamental recordar que nuestra autoestima y dignidad son inherentes a nosotros. Nadie tiene el poder de disminuir nuestro verdadero valor a menos que se lo permitamos.

Superar estas experiencias dolorosas requiere tiempo, paciencia y autocompasión. Es un proceso de reconstrucción en el que debemos aprender a confiar nuevamente en nosotros mismos. Al fortalecer nuestra autoconfianza y amor propio, podemos ver más allá de las heridas infligidas por otros y reconocer que somos dignos de amor y respeto, independientemente de las acciones de quienes nos han decepcionado.

La autoconfianza es el motor que impulsa nuestra capacidad para asumir desafíos y responsabilidades, nos empodera y nos da la determinación que necesitamos para persistir. **Al confiar en nosotros mismos encontraremos la fuerza necesaria para enfrentar cualquier desafío que se presente.** Esta confianza interna nos brindará la posibilidad de aceptar nuestras imperfecciones y aprender de nuestros errores, en lugar de evadir la responsabilidad o culpar a otros. Confía en que esto también pasará, en que lo que estás experimentando es simplemente un capítulo más en tu historia, uno que te brindará oportunidades de crecimiento y fortaleza. Reconoce que posees todas las habilidades y capacidades necesarias para salir adelante por ti mismo.

Por supuesto que no es fácil mantener la confianza cuando parece que el mundo conspira en tu contra, cuando sientes las miradas de lástima o percibes que otros se alegran de tus desgracias. La realidad es que comprendo el miedo que esto puede generar; yo también pensé que no sería capaz, pero me equivoqué. A pesar de todas las adversidades, logré superarlas. Aunque me dijeron que era imposible, demostré lo contrario. Hubo momentos de recaída, errores y fracasos a lo largo del proceso, pero siempre mantuve la convicción de que saldría adelante porque dependía únicamente de mí.

Te invito a que te des la oportunidad de creer en ti y en el plan divino que Dios o el universo tienen para tu vida. Es momento de cambiar la historia que te estás contando sobre este momento y considerar que si la vida te ha presentado este desafío, es precisamente porque tienes la capacidad de superarlo. Confía en el proceso y date la oportunidad de verlo como un viaje, donde simplemente te toca cambiar de estación hacia algo mejor.

Permítete creer en tu fuerza interior y en tu capacidad para enfrentar lo que sea que la vida te presente. En lugar de enfocarte en la dificultad del momento, dirige tu atención hacia el potencial de crecimiento y desarrollo personal que existe en cada experiencia. Confía en que estás siendo guiado hacia un destino más elevado, incluso si en este momento no puedes ver claramente el camino. Abre tu corazón y tu mente a las posibilidades positivas que pueden surgir de esta situación. Piensa en cada paso que das como una transición hacia un lugar mejor, donde encontrarás mayor paz, amor y éxito. Este viaje que estás atravesando es una parte importante de tu historia, pero no define quién eres ni tu futuro. Mantén una actitud de esperanza y fe en ti mismo.

Con cada paso que das, te acercas un poco más a tus metas. Aunque el camino pueda parecer agotador y solitario, recuerda que cada obstáculo es una oportunidad para crecer y aprender. No importa cuántas veces caigas, lo importante es levantarte una vez más, con la convicción de que eres capaz de superar cualquier adversidad. Mantén viva esa llama de confianza en ti mismo, porque en ella reside el poder para forjar un futuro más brillante y lleno de posibilidades.

METAS CLARAS SOBRE TU PROCESO

Considero que establecer metas claras y realistas para nosotros mismos durante el proceso de divorcio nos proporciona un sentido de dirección y propósito. Ya sea centrarnos en el bienestar de nuestros hijos, trabajar en nuestro crecimiento personal o buscar una resolución amigable con tu expareja es muy importante para saber a dónde debes dirigir tu energía, tu enfoque.

Numerosos estudios y experiencias prácticas respaldan la idea de que tener objetivos claros y específicos aumenta significativamente la probabilidad de lograrlos. Tener objetivos claros y específicos proporciona una hoja de ruta clara, aumenta la motivación y el compromiso, facilita la medición del progreso y fortalece la confianza en uno mismo. Todos estos factores combinados hacen que sea mucho más probable que las personas logren sus metas cuando las definen de manera específica y concreta.

Con base en mi experiencia, a pesar de la compleja situación que enfrentaba, dos cosas estaban claras en mi mente: en primer lugar, estaba decidida a no seguir sumida en la miseria; en segundo lugar, me negaba rotundamente a permitir que mi hijo sufriera las consecuencias de mis decisiones. Este dilema se convirtió en una dolorosa paradoja. Por un lado, anhelaba no ser la causa del dolor de mi hijo, lo que me llevaba a no querer privarlo de la presencia de su padre, y al mismo tiempo, requería encontrar una manera de protegerme porque claramente había mucho dolor en mí y su presencia no me hacía bien.

En ese instante, me enfrenté a una decisión crucial: ¿Quería ser la mujer herida, cargada de orgullo y reactiva ante cada situación? ¿O prefería adoptar el papel de madre, brindándole a mi hijo la posibilidad de vivir en una relación sana a pesar de las circunstancias? Opté por lo segundo, no solo por él, sino también para convertirme en su modelo de afrontamiento ante los desafíos de la vida. Pero decidirlo no fue suficiente. Me enfrentaba a un torbellino de pensamientos, al dolor, a mi ego herido, a la rabia, al miedo, a una mezcla de emociones intensas que me ahogaba cada día. Mi única salida consistía en despertar a diario con la convicción de que lo peor había pasado y aceptar mi realidad tal cual como era en ese momento.

No fue un camino fácil. Tuve momentos de dudas y mucha tristeza, pero me aferré con determinación a encontrar herramientas que me dieran la oportunidad de mejorar un poquito de mí cada día, fue entonces cuando entendí la importancia de ponerme metas diarias y a largo plazo para manejar la situación de una manera asertiva.

Aprendí a enfocarme en el presente, dejando de lado el pasado y el futuro. Poco a poco fui descubriendo cosas de mí que no tenía idea que existían. Empecé a desarrollar habilidades y talentos de comunicación. Me sumergí en podcasts, libros, audios, cursos y un gran número de actividades que me ayudaron a entenderme. Empecé a construir sobre mi ser y a tomar responsabilidad de mi vida con resultados de los que hoy me siento orgullosa y satisfecha. Las metas me regalaron la oportunidad de enfocarme en lo que sí me aportaba valor en mi proceso y hacer de lado aquello que no. Pude detectar y elegir mis batallas y gestionar mis emociones en la medida en que las iba identificando. Hoy veo las metas como un faro que nos guía y nos regala la oportunidad de volver al camino cuando nos estamos desviando.

Contar con metas bien definidas nos proporciona un rumbo claro, nos permite concentrar nuestra energía y nos mantiene inspirados mientras avanzamos hacia nuevas etapas de vida.

ACTITUD POSITIVA

La actitud positiva al momento de una ruptura es fundamental para atravesar este proceso de manera más saludable y constructiva. Ayuda a desarrollar resiliencia emocional, lo que significa que podrás adaptarte mejor a los cambios y superar los desafíos con mayor facilidad.

Elegir una actitud positiva y abandonar el papel de víctima es un desafío considerable, ya que el victimismo puede proporcionar un alivio momentáneo. Aunque realmente es una trampa que nos atrapa a un pasado doloroso, en cierto sentido, culpar a otros por nuestras dificultades puede parecer reconfortante. A menudo, no nos damos cuenta de que estamos encerrados en este patrón y, aunque lo identifiquemos, no siempre lo aceptamos ni hacemos algo para cambiarlo.

Casarse o estar en una relación de pareja es una elección consciente con consecuencias inherentes, ya sean positivas o negativas. En la mayoría de los casos, nadie se casa o está unida por obligación, excepto por razones culturales o religiosas. Cada decisión, incluida la de casarse, lleva consigo resultados que pueden ser favorables o desfavorables. Aceptar que no hay garantías de permanencia en las relaciones es parte de esa responsabilidad. Incluso un matrimonio que comienza con amor puede enfrentar cambios inesperados. Por lo tanto, es necesario tomar decisiones que nos permitan avanzar y no quedarnos estancados en situaciones adversas. Entonces, frente a los cambios inevitables de la vida, ¿cómo asumimos un papel protagónico? En mi perspectiva actual, percibo que adoptar el papel de víctima fue lo que me mantuvo paralizada durante mucho tiempo. Al no tomar decisiones conscientes, mi sufrimiento se intensificó. Pero ¿cómo podía ser consciente si ni siquiera había reflexionado sobre mi propia situación?

Aprendí a evaluar mis opciones y a comprender que cada problema tiene potenciales soluciones que pueden mejorar o empeorar la situación.

Después de mi experiencia, me he centrado en ser la protagonista de mis decisiones, asumiendo la responsabilidad de mis acciones. Aunque el victimismo puede brindar un consuelo momentáneo debido a la empatía y apoyo de otros, en realidad nos sumerge en un ciclo de inseguridad, dependencia y limitación.

Adoptar un papel activo y responsable nos permite tomar decisiones distintas y concentrarnos en lo que está bajo nuestro control, siguiendo el camino hacia nuestro destino. Como bien señala Marian Rojas Estapé, (2012 p.23), "lo importante no es lo que sucede, sino cómo reaccionamos ante ello".

La vida está llena de desafíos y adversidades que pueden poner a prueba nuestra fortaleza y resiliencia. Cada uno de nosotros enfrenta momentos difíciles en algún momento de nuestras vidas, ya sea en forma de pérdidas, fracasos, decepciones o dificultades personales. Lo que realmente marca la diferencia no es tanto la presencia de estas dificultades, sino cómo elegimos responder ante ellas. Nuestra reacción ante la adversidad puede definir nuestra experiencia y determinar nuestro camino hacia adelante. Aquí es donde entra en juego la resiliencia, esa capacidad de adaptarnos y recuperarnos frente a la adversidad.

Cuando nos enfrentamos a desafíos, tenemos la oportunidad de elegir cómo afrontarlos. Podemos optar por dejarnos abrumar por el pesimismo y la desesperanza, o podemos encontrar dentro de nosotros la fortaleza y la determinación para superar los obstáculos y seguir adelante. Es en estos momentos difíciles donde verdaderamente se pone a prueba nuestro carácter y nuestra capacidad para crecer.

En este camino llamado vida, experimentarás diversas emociones y enfrentarás dudas sobre si vale la pena el esfuerzo. Puede haber momentos en los que desees rendirte, especialmente si no observas resultados inmediatos o si la otra parte no colabora. Ver resultados sobre cambios, toma tiempo. No es inmediato. Acepta este proceso y permite que tus decisiones y sentimientos evolucionen, independientemente de cómo respondan los demás. Las transformaciones personales influirán eventualmente en tu entorno.

La actitud de víctima después de un divorcio puede adoptar diversas formas. Puedes identificar si estás asumiendo este papel **si te concentras excesivamente en tu propio sufrimiento**, con pensamientos como "siempre me ocurre lo peor a mí", "nadie comprende lo que estoy pasando" o "no merezco ser feliz". También,

si constantemente culpas a tu expareja por todo el dolor que experimentas, pensando en frases como "todo es su culpa" o "si hubiera actuado de manera diferente, no estaríamos en esta situación". Otra señal es **compararte negativamente con otros**, pensando "a mi ex le va bien y yo sigo sufriendo".

Existen múltiples escenarios que alejan la responsabilidad de tu propia felicidad y bienestar después del divorcio. No olvides que una separación no define tu valía y que adoptar la mentalidad de víctima genera inseguridad, dependencia y te atrapa en un sentimiento de carencia.

Por otro lado, **adoptar un enfoque proactivo implica asumir la responsabilidad de tu vida y bienestar, tomando decisiones conscientes y buscando activamente crecimiento y aprendizaje.** En lugar de culpar a la expareja o a uno mismo por el divorcio, una persona proactiva reflexiona sobre lo que ha aprendido de esa relación fallida. Por ejemplo, podría pensar "esta experiencia me ha enseñado qué es lo que realmente valoro en una relación". En vez de reprimir el dolor, una persona proactiva permite que las emociones fluyan y acepta el proceso de duelo. Reconoce que es normal sentirse triste, enojado o confundido después de un divorcio y da espacio a esas emociones.

A continuación, te presento algunos ejemplos que ilustran cómo las personas pueden reaccionar de manera diferente ante situaciones similares, dependiendo de si adoptan una mentalidad de víctima o una mentalidad proactiva durante el proceso de divorcio. Puedes crear tu propio cuadro y listar el enfoque que estás adoptando en cada situación y cuál sería más conveniente para tu bienestar emocional y personal.

SITUACIÓN	ROL DE VÍCTIMA	ROL DE PROTAGONISTA
Culpar al otro	Mi ex arruinó nuestra relación y mi vida.	A pesar de que no causé esto, tengo responsabilidad por las decisiones que tomé.
Fracaso	Nunca debería haberme casado con alguien así.	Aprendí mucho de esta relación, y eso me ayudará a tomar decisiones más sabias en el futuro.
Pérdida	Mi vida está arruinada, no hay esperanza.	Puedo construir una nueva vida y definir lo que realmente quiero.
Discusiones	Siempre inicio una pelea, no puedo evitarlo.	Trabajaré en mejorar la comunicación y encontrar soluciones juntos.
Co-parenting	Es irresponsable, no se preocupa por los niños.	Buscaremos juntos el bienestar de los niños y llegaremos a acuerdos que los beneficien.
Dudas	Nunca seré feliz de nuevo, no puedo superar esto.	Me abro a nuevas relaciones y experiencias. Puedo encontrar el amor de nuevo.
Soledad	Nadie me entiende, estoy solo/a en esto.	Buscaré apoyo y conexiones con amigos y grupos de apoyo.
Vivir en el pasado	Mi vida es un desastre debido al divorcio.	Acepto el pasado y me enfoco en construir un futuro más positivo.

EJERCICIO PRÁCTICO

Identifica y analiza los roles que asumes en diversas situaciones y contextos de tu vida. El objetivo es hacerte consciente de los patrones de comportamiento que pueden estar asociados a actitudes de víctima o de protagonista. Para llevarlo a cabo, reflexiona sobre tus reacciones habituales ante situaciones problemáticas o desafiantes.

En primer lugar, tienes que identificar cómo te comportas o reaccionas: ¿adoptas un papel pasivo de víctima, donde puedas sentirte indefenso, culpar a los demás o a las circunstancias? o; ¿por el contrario, adoptas una actitud activa de protagonista, asumiendo responsabilidad por tus acciones y decisiones?

Una vez identificados estos roles en diferentes situaciones, te invito a evaluar tus respuestas desde la perspectiva de víctima. Es decir, analiza cómo estas respuestas pueden reflejar una mentalidad de sentirte impotente, culpar a otros o sentirte atrapado por las circunstancias.

Posteriormente, imagina cómo podrías actuar o responder a esas mismas situaciones desde una perspectiva protagonista. En este caso, se trata de pensar en acciones o enfoques que reflejen una toma de control de tu vida, asumiendo la responsabilidad por tus acciones y buscando soluciones en lugar de culpar a otros o a las circunstancias externas.

SITUACIÓN	ROL DE VÍCTIMA	ROL DE PROTAGONISTA

Este ejercicio es bastante parecido al de las acciones y reacciones, pero ahora desde el rol que tomas en tu proceso. Te permite reflexionar sobre cómo percibes y afrontas diferentes situaciones, identificando si tiendes a adoptar un papel de víctima o de protagonista, y te anima a considerar cómo podrías cambiar tu enfoque para tomar un papel más activo y responsable en tu vida.

Consideraciones importantes para tu proceso

1. Tómate un tiempo para reflexionar sobre la relación que terminó. Haz una lista de las acciones, decisiones o patrones de comportamiento que consideras que podrían haber contribuido al deterioro de la relación. Analiza tu papel en la dinámica de la relación con la mayor honestidad y objetividad posible.

2. Reflexiona sobre lo que has aprendido de esta experiencia. ¿Qué puedes aprender de las situaciones pasadas para mejorar tus futuras relaciones? Identifica las lecciones que podrían ayudarte a crecer emocionalmente y a desarrollar relaciones más saludables en el futuro.

3. Acepta tus errores y perdónate. Reconoce que todos somos humanos y cometemos errores. Practicar el auto perdón es determinante para dejar atrás la culpa y avanzar hacia adelante. También considera perdonar a tu expareja por las cosas que hayan contribuido a la ruptura. Esto no significa olvidar, sino liberarte de la carga emocional.

4. Define acciones concretas que puedan ayudarte a crecer como persona. Puede ser desde buscar terapia o ayuda profesional, hasta iniciar actividades nuevas que te hagan

sentir bien contigo y que te permitan enfocarte en tu bienestar emocional.

NO OLVIDES

- Trátate con amabilidad, del mismo modo en que lo harías con un amigo que está pasando por una situación similar.
- Sé compasivo contigo mismo y permítete sentir tus emociones sin juzgarte.
- Busca apoyo para expresar lo que sientes y encuentra consuelo en aquellos que te rodean.
- Establece metas realistas, desde pequeños logros diarios hasta objetivos a largo plazo que te inspiren a seguir adelante.
- Visualiza un futuro lleno de posibilidades y esperanza.
- Dedica tiempo a actividades que te traigan alegría y bienestar.
- Acepta las lecciones que estás aprendiendo en este proceso y trabaja en desarrollar la capacidad de recuperarte de los momentos difíciles.
- Reflexiona sobre tus acciones, abraza tu realidad y no te rindas hasta encontrar esa paz interior que tanto anhelas.

Recuerda que cambiar un enfoque de víctima por uno de protagonista lleva tiempo y esfuerzo. No te apresures ni te exijas demasiado. La clave está en tomar decisiones conscientes y progresivas para asumir la responsabilidad de tu vida y tu bienestar emocional después del divorcio.

EL PODER DE

La gratitud

3
EL PODER DE LA GRATITUD

Sé agradecido por lo que tienes; terminarás teniendo más. Si te concentras en lo que no tienes, nunca, nunca tendrás lo suficiente.

— OPRAH WINFREY

La vida nos desafía de formas que a veces parecen imposibles de superar. Sentirse agradecido en medio de la pérdida, el dolor y la incertidumbre puede resultar extremadamente difícil.

Cuando me sumergí en la práctica de la gratitud, incluso estando en medio de la tormenta, noté un cambio profundo en mi perspectiva. A pesar de "tener una actitud positiva", hubo momentos en donde no podía sentirme agradecida. Me consumía lo que faltaba, lo que no estaba bajo mi control o lo que no poseía. Esta mentalidad negativa impactó mi bienestar emocional y mi visión de la vida, erosionando incluso mi salud.

Al despertar agradeciendo cada mañana, transformé mi enfoque. Dejé de ver el vaso medio vacío y elevé mi espíritu; lo que me permitió reconciliarme conmigo, con la vida e incluso con el nuevo rol que tendría mi expareja en mi vida.

Comprendí que la vida es un camino con altibajos, que la felicidad no es lineal y que enfrentaremos desafíos constantes y una gama de emociones cada día. Sin embargo, dentro de todo esto, tenemos la capacidad de dar gracias a la vida por lo que nos ofrece. Ser agradecidos, tanto en los buenos momentos como en los difíciles, nos permite abrazar las oportunidades para aprender y construir nuestro camino en esta travesía llamada vida. Nos brinda la posibilidad de crecimiento personal y espiritual.

Es común pensar que debemos agradecer cuando obtenemos lo que necesitamos o cuando finalmente se cumple nuestra voluntad. Sin embargo, olvidamos ser agradecidos por el simple hecho de despertar cada día; por saborear una taza de café o pasar un día más con quienes amamos. Damos por hecho que siempre tendremos eso que hoy la vida nos regala.

La gratitud se revela como un aliado invaluable en nuestro camino hacia la superación de desafíos. **¿Alguna vez te has preguntado por qué algunas personas, frente a situaciones similares, logran sobrepasar estas pruebas mientras otras se quedan estancadas?** Esta pregunta ha cautivado a investigadores en campos como la psicología y otras disciplinas. ¿Es gratitud? ¿La resiliencia? ¿La actitud? ¿Las redes de apoyo? Quizás sea una combinación de todos estos factores y muchos otros, pero no cabe duda de que la gratitud puede actuar como un mecanismo de afrontamiento, ayudando a las personas a cambiar su enfoque hacia los aspectos positivos de sus vidas, incluso en medio de dificultades. Al centrarse en lo que tienen y en lo que están agradecidos, las personas pueden experimentar emociones más positivas, reducir el estrés y fortalecer su capacidad para encontrar soluciones a los desafíos que enfrentan.

Incluso en el dolor del divorcio podemos dar gracias por haber experimentado momentos felices, por haber amado, por haber aprendido, y ahora, por abrir nuevas puertas hacia la vida. Tenemos la oportunidad de creer nuevamente, de aprender y valorar aún más los momentos de dicha. Las nubes oscuras pueden ser señales para cambiar y caminar hacia lo que nos brinda luz.

Louise Hay, autora y defensora del crecimiento personal, menciona: "La gratitud es una poderosa energía que nos llena de luz y amor". Desde mi experiencia, agradecer cada día por los pequeños detalles ha sido transformador. La gratitud tiene un impacto significativo en nuestro proceso de sanación.

Es importante comprender que ser agradecido no significa negar tu tristeza, tu enojo o tu dolor ni, mucho menos, ser conformistas. Más bien, la gratitud puede ser una herramienta para encontrar aspectos positivos en tu propio proceso, para conectarte contigo y aprender de esta experiencia a valorar quién eres, lo que tienes y lo que te regala la vida, aun en la adversidad.

Agradecer nos ayuda a reconciliarnos con nuestras luces y sombras, a aceptar nuestros sentimientos y a apreciar cada relación, experiencia y posibilidad que la vida nos ofrece. Este proceso puede parecer imposible, pero la gratitud es una habilidad que puede cultivarse con práctica. Es como un músculo que se fortalece con el ejercicio constante. Al cultivarla, no sólo transformas tu forma de ver el mundo, sino que también descubres una fuerza interior que te impulsa a seguir adelante, incluso en los momentos más duros.

La vida está llena de contrastes, y encontrar gratitud en medio de las adversidades no significa ignorar el sufrimiento, sino descubrir la belleza en la superación.

Permítete sentir y procesar tus emociones mientras encuentras espacio para la gratitud. Esta puede ser una poderosa herramienta para sanar y avanzar hacia nuevas experiencias.

"La gratitud por las pequeñas cosas desbloquea grandes bendiciones."

Además de transformar mi visión personal, descubrí que la gratitud tiene una influencia considerable en nuestra fisiología y bienestar general. Numerosos estudios respaldan los beneficios de practicar la gratitud de manera regular. La neurociencia ha demostrado que la gratitud activa regiones en el cerebro asociadas con la cognición, el aprendizaje y las emociones positivas, como el córtex prefrontal. Esto no sólo mejora nuestro estado de ánimo, sino que también fortalece nuestro sistema inmunológico y reduce el estrés.

Robert Emmons, psicólogo y experto en gratitud, menciona: "La gratitud reduce una multitud de males, desde la depresión hasta la tensión arterial alta".

Además, la práctica habitual de la gratitud ha demostrado incrementar la calidad del sueño, fortalecer las relaciones interpersonales y fomentar una mayor resiliencia emocional. Al adoptar una perspectiva agradecida, no sólo cambiamos nuestra realidad interna, sino que también impactamos positivamente en nuestro entorno.

La gratitud, por lo tanto, no solamente es una herramienta para el crecimiento personal y espiritual, sino que también se convierte en un componente vital para una vida más plena y saludable. Incorporar la gratitud en nuestras vidas nos permite ser más conscientes de las bendiciones cotidianas y nos empodera para enfrentar los desafíos con una mentalidad más positiva y resiliente.

Si te resulta difícil practicar la gratitud, sé compasivo contigo mismo. Tomará tiempo desarrollar este hábito y ver sus beneficios. No te presiones para sentir gratitud de inmediato, permítete vivir este proceso a tu ritmo.

Si tienes hijos, recuerda que ellos aprenderán de ti. La forma en que manejas los desafíos y los conflictos influye no solo en tu propia vida, sino también en la de tus hijos. Ellos observan y absorben tus reacciones, actitudes y enfoques ante las dificultades.

Evalúa tu comportamiento en el proceso, ya que eres un modelo para seguir, enséñales a practicar la gratitud, invítalos a ser parte de actividades de agradecimiento y anímalos a llevar un diario de gratitud y a expresar lo que aprecian en sus vidas, aun en la adversidad. De ese modo, expresar gratitud se convertirá en un momento de tranquilidad y conexión, tanto contigo como con algo más grande que tú, así como con su propio ser interior. Recuerda, tus hijos no tienen la culpa de lo que está sucediendo.

Establece con tus hijos un hábito diario para reflexionar sobre las cosas por las que pueden agradecer. Al principio, puede que no te conectes, pero persiste. Escucha meditaciones guiadas de gratitud, hay muchas gratuitas en línea. Escribe cartas de agradecimiento a las personas que te han ayudado, apoyado o inspirado de alguna manera.

Expresar tu gratitud hacia ellos fortalecerá tus relaciones y generará sentimientos positivos. Vista como un catalizador para la resiliencia, ayuda a forjar una mentalidad de aceptación y fortaleza interior, incluso puede ser un testimonio de fuerza interior y superación de la adversidad.

EJERCICIO PRÁCTICO

Te invito a agradecer por las lecciones aprendidas, por las oportunidades de crecimiento, por las personas que te apoyan y por aquellas que te desafían, por cada experiencia, por dolorosa que sea, por la taza de café, por tener la oportunidad de elegir cada mañana qué caminos quieres transitar.

Empieza con un diario de agradecimiento, comienza anotando cinco cosas por las que estás agradecido cada día y aumenta gradualmente este número a medida que te sientas más fortalecido.

Si te resulta difícil comenzar, considera enumerar experiencias positivas, personas importantes en tu vida, momentos de alegría o incluso pequeños detalles que te hayan traído felicidad.

Esta práctica te ayudará a enfocarte en lo positivo y en entrenar tu mente para encontrar lo bueno en cada día. Agradece por algo tan simple como tomar una taza de café por la mañana, el simple hecho de despertarte, la compañía de tus amigos, entre otros aspectos que puedan hacerte sentir un momento de satisfacción o bienestar.

PRACTICA LA GRATITUD

Ej. "Agradezco la vida".

EL PODER DE

Tus emociones

4
EL PODER DE TUS EMOCIONES

> *No tenemos control sobre las emociones que sentimos, pero sí sobre la manera en que las expresamos.*
>
> — JOHN MAXWELL (2012, P. 124)

Adentrémonos juntos en un tema que ha marcado mi vida y mi desarrollo personal. Como coach certificada, me gustaría compartir mi experiencia sobre el poder de las emociones en el proceso de una ruptura o divorcio. Sin embargo, antes de continuar, quiero enfatizar con responsabilidad la importancia de buscar ayuda profesional si sientes que lo necesitas. Las emociones son terrenos complejos y, en ocasiones, pueden desencadenar patologías y vivencias del pasado que requieren asistencia especializada. Este capítulo no busca adentrarse en situaciones médicas, sino ofrecer una perspectiva desde mi propia vivencia. Toma lo que resuene contigo y deja a un lado aquello que no te sea útil.

Cada día de mi proceso fue un desafío constante frente a mis emociones. En algunas ocasiones lograba manejarlas, pero en otras me veía abrumada por su intensidad. Comprendí que no podía luchar contra ellas o simplemente ignorarlas, que era mandatorio comprender su naturaleza y origen para entenderlas y poder gestionarlas.

Es absolutamente común experimentar un sin fin de emociones durante la ruptura, como la tristeza, la ira, la frustración, la decepción e incluso la culpa. A pesar de ser parte natural de este viaje emocional, es esencial reconocer que estos sentimientos pueden entorpecer la toma de decisiones y obstaculizar nuestra capacidad para comunicarnos de manera efectiva; puesto que, con frecuencia, nublan nuestro juicio en momentos que requieren claridad mental.

Durante un largo período de mi vida, mantuve la creencia arraigada de que mantener un control estricto sobre mis emociones era la clave para alcanzar un estado de equilibrio y estabilidad. Sin embargo, con el tiempo y la reflexión profunda, me di cuenta de que esta supuesta "estabilidad" no era más que una fachada, y que en realidad estaba reprimiendo mis emociones de manera inconsciente. No estaba permitiendo que mis sentimientos fluyeran libremente, sino que los estaba sofocando y ocultando bajo una capa de aparente control.

Este descubrimiento fue un punto de inflexión culminante en mi vida, ya que me llevó a reconocer el costo oculto de esta actitud. Al reprimir mis emociones, no solo estaba negando una parte de mí, sino que también estaba contribuyendo a un estado de malestar emocional interno. Las emociones reprimidas no desaparecen, sino que se acumulan silenciosamente en lo más profundo de nuestro ser, ejerciendo presión y causando estragos en nuestra salud mental y emocional.

Este viaje personal de autoconocimiento es un proceso continuo en el que sigo sumergiéndome. A pesar de mi comprensión teórica y de mi habilidad para identificar mis pensamientos, emociones y acciones, descubro que la profundidad y la complejidad de este trabajo son verdaderamente desafiantes. Las emociones, en particular, emergen como poderosas fuerzas que influyen en nuestras decisiones de manera significativa. Para mí, gestionar estas emociones ha sido una de las áreas más difíciles y, a menudo, requiere la ayuda profesional adecuada.

En mi experiencia, las emociones pueden ser turbulentas y complicadas de navegar. A veces, me encuentro atrapada en un torbellino de inseguridad y vacío existencial que oscurece mi visión de lo que realmente quiero. Sin embargo, he aprendido que abordar, expresar y comprender estas emociones es una estrategia crucial para evitar que se conviertan en obstáculos insuperables.

Aunque pueda identificar estas emociones, reconocer su presencia no siempre garantiza una resolución inmediata. Es un proceso gradual y en constante evolución. Buscar apoyo profesional y dedicar tiempo para explorar mis sentimientos más profundos son pasos importantes en este viaje.

Las heridas internas no afrontadas suelen manifestarse de formas insospechadas, afectando la salud y el bienestar de maneras impensables. Sentirse herido, abandonado o traicionado puede tener repercusiones en la salud mental y física de las personas que atraviesan un divorcio o una ruptura. **La tristeza y el duelo son una parte necesaria del proceso, y negarlo sólo prolonga el dolor. Las emociones tienen algo importante que enseñar.** A pesar de que suelen asociarse con connotaciones negativas, tanto las emociones agradables como las desagradables juegan un papel en la psicología humana. Proporcionan información, impulsan la acción y fomentan el crecimiento y la adaptación. No son simplemente "buenas o malas" en sí mismas, sino primordiales para nuestra experiencia emocional y pueden ser valiosas para nuestro bienestar y desarrollo.

Al abrirme a la posibilidad de experimentar y expresar mis emociones de manera auténtica, comencé a comprender que el verdadero equilibrio emocional no se encuentra en la supresión, sino en la aceptación y la gestión saludable de nuestras emociones. Aprendí que permitirme sentir y procesar mis emociones de manera consciente no solo me hacía más auténtica y completa como individuo, sino que también contribuía a mi bienestar emocional y a mi capacidad para relacionarme de manera más genuina con los demás. En lugar de ver mis emociones como una carga o una debilidad, las abrazo como una parte natural de mí y descubro que al hacerlo, encuentro una mayor libertad. Al enfrentarme a estas emociones con compasión y una mente abierta, puedo desentrañar sus raíces y encontrar una mayor claridad y paz interior. Es un trabajo de vida al que todo ser humano debemos dar prioridad, ya que todos de una u otra manera estamos expuestos a heridas que salen a relucir cuando menos lo pensamos.

Aprender a aceptar y procesar el dolor es un primer paso hacia la paz interior. Las emociones son nuestra brújula interna y una fuente valiosa de información. Abrazarlas y permitirnos sentir nos da el poder de avanzar en nuestro proceso de sanación y transformación. La sanación después de un divorcio puede ser ardua, pero con el tiempo y el apoyo adecuado, encontramos la fortaleza y la paz interior que necesitamos para avanzar hacia un futuro más prometedor.

Mi viaje a través de las emociones, desde la evasión hasta la aceptación, me siguen brindando lecciones trascendentales sobre la importancia de sentir.

Hoy abrazo y me entrego a la emoción, permitiéndome sentir cada matiz de mis sentimientos. Sin embargo, siempre tengo presente que no me rindo ante la vida, que este momento de vulnerabilidad no es una señal de derrota, sino una expresión de mi humanidad. Esta entrega emocional no significa que haya abandonado mi lucha o que haya perdido mi determinación.

Al contrario, es un paso necesario para recargar mi espíritu y encontrar una nueva perspectiva. Acepto mis emociones como compañeras de viaje, que me enseñan, me guían y me recuerdan mi resiliencia.

Marian Rojas Estapé, en sus podcasts, asegura que comprender es aliviar, y es una gran verdad. No podemos mejorar algo que no comprendemos ni reconocemos. Hacer consciente tu estado emocional te guiará hacia un mejor autoconocimiento. Imagina despertarte cada día y estar a merced de tus emociones.

¿Cómo te sentirías si el enojo, la tristeza o la ansiedad dirigieran tus acciones, decisiones y relaciones?

Las emociones, particularmente durante un divorcio o una ruptura, tienen un poder significativo que influye en cada aspecto de nuestras vidas: desde cómo interactuamos con los demás hasta cómo nos percibimos a nosotros mismos. La ciencia respalda esta realidad. Expertos en psicología y neurociencias han demostrado que las emociones no sólo residen en la mente, sino que también se alojan en nuestro cuerpo. El estrés, por ejemplo, puede manifestarse en la salud física y mental si no se maneja adecuadamente.

Lisa Barrett, experta en neurociencia de las emociones, enfatiza la importancia de reconocer y etiquetar nuestras emociones para regularlas de manera efectiva. Sus investigaciones sugieren que el simple acto de nombrar nuestras emociones puede reducir su impacto negativo. Por otro lado, el Dr. Joe Dispenza, bioquímico y quiropráctico, resalta en su libro "Deja de ser tú", que somos lo que repetimos. En este sentido, Dispenza plantea la posibilidad de ser adictos a nuestras emociones, independientemente de que sean positivas o negativas. Nos revela que nuestras emociones tienen el poder de activar o desactivar la expresión genética, lo que implica que quedamos anclados a estados emocionales particulares. Si nos resulta difícil controlar nuestros estados de ánimo, inevitablemente nos convertimos en prisioneros de estos patrones emocionales, condicionando así la química de nuestro cuerpo a lo largo del tiempo.

Esta comprensión resulta interesante, ya que nos muestra que modificar nuestras emociones no es una tarea sencilla, pero es posible. Nuestro cuerpo y nuestra biología se han moldeado históricamente por las repeticiones pasadas. Por lo tanto, enfrentar este desafío implica una toma de conciencia profunda de cómo nuestras repeticiones mentales y emocionales han influenciado nuestra química corporal y, en consecuencia, nuestra forma de experimentar el mundo.

Según Joe Dispenza en su influyente obra "Deja de ser tú", el poder de la mente es una fuerza extraordinaria que puede ser utilizada para reprogramar nuestro cuerpo y nuestras emociones. Dispenza nos insta a sumergirnos en un proceso profundo de transformación para alcanzar este cambio y propone una serie de prácticas a considerar:

- **Conciencia y observación:** Hacer consciente las emociones que experimentamos en diferentes situaciones y momentos de nuestra vida. Observarlas sin juicio, entendiendo su origen y cómo nos afectan.

- **Intención y voluntad:** Establecer una clara intención de cambiar esas emociones. Esto implica un compromiso activo y una voluntad consciente de dejar de identificarse con patrones emocionales negativos.

- **Transformación de pensamientos:** Modificar los patrones de pensamiento y creencias que están asociados con esas emociones. Esto se logra mediante la práctica regular de pensamientos positivos y la reestructuración de la percepción que se tiene de uno mismo y del entorno.

- **Práctica constante:** Realizar ejercicios mentales, meditación, visualización creativa o técnicas específicas que ayuden a reprogramar la mente para experimentar emociones más positivas de manera consistente.

- **Coherencia entre mente y cuerpo:** Crear coherencia entre lo que se piensa, se siente y se hace. Esto implica alinear los pensamientos positivos con las emociones y las acciones diarias.

- **Persistencia y paciencia:** Comprender que este proceso de cambio emocional puede llevar tiempo y esfuerzo. Mantener la persistencia y la paciencia, permitirán que las nuevas emociones se arraiguen y se conviertan en un patrón habitual *(Dispenza, J. 2016).*

El autor destaca la importancia de una aproximación holística para cambiar las emociones, integrando tanto la mente como el cuerpo en el proceso de transformación emocional. Al adoptar estas técnicas y perspectivas, podemos desbloquear nuestro potencial para vivir una vida más plena y satisfactoria.

En el viaje hacia la superación de una separación, aprender a comprender y gestionar las emociones se vuelve imperativo. La autoconciencia emocional es el punto de partida. Observar y reconocer cómo te sientes en diferentes situaciones te permite tomar el control y responder con consciencia en lugar de reaccionar por impulsos. Nuestras emociones están conectadas con nuestros resultados. Esto nos otorga el poder de influir conscientemente en nuestras vidas y en nuestro futuro.

Durante este proceso, si nos vemos continuamente envueltos en emociones negativas, se dificulta considerablemente la posibilidad de transformar nuestra realidad. Por eso, debemos tomar conciencia de los estados emocionales en los que nos encontramos. Este acto se convierte en un factor crítico no sólo para identificar nuestras emociones actuales, sino también para definir cómo deseamos sentirnos. Reconocer y comprender nuestras emociones nos capacita para influir conscientemente en nuestro bienestar emocional y, en consecuencia, en la manera en que experimentamos la realidad que nos rodea.

LISA FELDMAN BARRET INDICA QUE TUS EMOCIONES NO NECESITAN SER CONTROLADAS, NECESITAN SER GESTIONADAS.

En lugar de ver las emociones como algo que debemos controlar o suprimir, es más efectivo abordarlas desde una perspectiva de gestión. Esto implica abrazar nuestras emociones tal como son, sin juzgarlas como buenas o malas, y aprender a canalizarlas de manera constructiva.

La gestión emocional nos invita a desarrollar habilidades para comprender el origen y el significado de nuestras emociones, así como para regularlas de manera saludable. En lugar de reprimir o negar nuestras emociones, aprendemos a explorarlas con curiosidad y compasión, lo que nos permite entender mejor nuestras necesidades internas y tomar decisiones más conscientes.

Dada la importancia de entender nuestras emociones para poder gestionarlas, deseo compartir contigo una guía que detalla las preguntas que solía hacerme. Esta guía fue clave en la creación de mi diario emocional, una herramienta valiosa que me brindó la oportunidad de comprender mis emociones de manera más profunda, lo que me permitió hacerlas conscientes para gestionarlas.

Este ejercicio puede resultar muy beneficioso para tu bienestar emocional a largo plazo. Observar tus emociones de manera sistemática te permitirá desarrollar una mayor conciencia emocional y una capacidad más sólida para manejar situaciones estresantes.

Ejercicio práctico

DIARIO DE EMOCIONES.

Consiste en registrar tus emociones diariamente de manera consistente. Este ejercicio te permitirá discernir si estas emociones son momentáneas o si se convierten en estados emocionales recurrentes. Cuanto más tiempo mantengas este registro y más respuestas obtengas, más enriquecedora será la información para analizar tus resultados.

Es recomendable revisar este diario frecuentemente y reflexionar sobre tus emociones. Puedes identificar patrones emocionales y descubrir qué factores influyen en tu estado emocional. Además, te invito a buscar ayuda profesional si consideras necesario comprender y gestionar tus emociones de manera más efectiva. Un terapeuta puede proporcionar herramientas adicionales para el autoconocimiento y el manejo emocional.

Usa un diario personal o un cuaderno para este proceso y anota todo lo que esté ocurriendo en el momento. Esto te ayudará a identificar patrones de comportamiento y a comprender mejor tus reacciones emocionales. Recuerda ser honesto contigo mismo y no juzgarte por lo que sientes. La autocompasión es fundamental para este proceso de autoexploración emocional.

Aquí te dejo algunos pasos para hacer un diario de emociones efectivo:

1. Documenta tus emociones: Elige un cuaderno, una libreta o una aplicación en tu dispositivo móvil donde puedas registrar tus emociones de forma regular. Asegúrate de que sea un lugar seguro y privado donde te sientas cómodo expresando tus pensamientos más íntimos.

2. Establece un horario regular: Elige un momento del día para registrar tus emociones. Puede ser al despertar por la mañana, al finalizar el día o en momentos específicos en los que sientas que tus emociones son más intensas. Intenta mantener este horario de manera consistente. Te recomiendo realizar este ejercicio diariamente independientemente de si estás experimentando emociones intensas en ese momento o no.

3. Describe tus emociones: Cada vez que te sientas emocionalmente activo, tómate unos minutos para escribir en tu diario. Describe cómo te sientes utilizando palabras específicas. Por ejemplo, "me siento ansioso", "estoy feliz" o "me siento abrumado".

4. Identifica causas y desencadenantes: Intenta identificar qué situaciones, pensamientos o eventos desencadenaron tus emociones. Anota estos factores junto con tus sentimientos. Por ejemplo, "me sentí frustrado después de una discusión en el trabajo".

5. Reflexiona y analiza: De vez en cuando, tómate un tiempo para revisar tu diario. Observa si hay patrones o tendencias en tus emociones y sus desencadenantes. Pregúntate a ti mismo qué puedes aprender de estas experiencias emocionales.

6. Practica la autocompasión: Recuerda ser amable contigo mismo mientras escribes en tu diario. No juzgues tus emociones como buenas o malas. Permítete sentir lo que sientes y valora cada experiencia como una oportunidad de crecimiento emocional.

7. Considera buscar ayuda profesional: Si te encuentras luchando con emociones intensas o recurrentes, considera buscar la ayuda de un terapeuta o consejero. Un profesional puede ofrecerte herramientas adicionales para comprender y manejar tus emociones de manera más efectiva.

Recuerda que tu diario de emociones es personal y no tiene que seguir un formato específico. La clave es ser honesto contigo mismo y utilizar este proceso como una herramienta para el autoconocimiento y el crecimiento emocional.

Para un análisis más profundo, te proporciono esta guía de preguntas diseñada para ayudarte a explorar tus emociones. Selecciona las preguntas que consideres más relevantes o que puedas responder con facilidad.

EXPLORA TUS EMOCIONES

- **¿Qué estoy sintiendo en este momento?** Identificar y nombrar tus emociones es el primer paso para entenderlas.

- **¿Cuál es la causa o el desencadenante de esta emoción?** Al identificar lo que ha provocado tus sentimientos podrás comprenderlos mejor.

- **¿Cómo estoy experimentando físicamente esta emoción?** Las emociones a menudo se manifiestan en el cuerpo a través de sensaciones físicas. ¿Sientes tensión, nudo en el estómago, sudoración, palpitaciones?

- **¿Qué pensamientos están asociados con esta emoción?** Tus pensamientos pueden influir en tus emociones y viceversa. Identificar los pensamientos relacionados con tus sentimientos te ayudará a entender mejor el proceso.

- **¿Cuándo he sentido esta emoción antes?** Reflexiona sobre experiencias pasadas en las que hayas experimentado la misma emoción. Esto puede proporcionar información adicional sobre patrones emocionales.

- **¿Cómo se manifiesta esta emoción en mi cuerpo?** Identificar las sensaciones físicas que acompañan a esta emoción es de suma importancia para comprender cómo las emociones impactan en tu cuerpo.

- **¿Cómo suelo reaccionar ante esta emoción? ¿Qué acciones o comportamientos siguen a esta emoción?** Entender tus patrones de comportamiento te ayudará a comprender cómo manejas tus emociones.

- **¿Esta emoción es útil en esta situación?** Algunas emociones son adaptativas y pueden ayudarte a lidiar con situaciones, mientras que otras pueden ser contraproducentes. Evaluar la utilidad de la emoción en un contexto específico es importante.

- **¿Tengo alguna creencia que influye en esta emoción?** Las creencias y pensamientos arraigados pueden desencadenar ciertas emociones. Identificar estas creencias te permitirá explorar y cuestionar su validez.

- **¿Qué estrategias puedo utilizar para gestionar esta emoción de manera saludable?** Una vez que comprendas tu emoción, es útil desarrollar estrategias de afrontamiento efectivas.

- **¿Necesito apoyo externo para lidiar con esta emoción?** A veces, hablar con amigos, familiares o un profesional puede ser beneficioso para comprender y gestionar emociones difíciles.

Otras preguntas que puedes considerar hacerte:

1. ¿Qué patrones de pensamiento contribuyen a mantener esta emoción?

2. ¿Cómo reaccioné ante situaciones similares en el pasado?

3. ¿Hay un patrón en mis respuestas emocionales?

4. ¿Esta emoción está alineada con mis valores y metas personales?

5. ¿Hay pensamientos recurrentes asociados con esta emoción?

6. ¿Son realistas o basados en percepciones distorsionadas?

7. ¿Existe alguna necesidad no satisfecha que esta emoción esté señalando?

8. ¿Cómo afecta esta emoción a mis relaciones y mi bienestar general?

9. ¿Cómo podría cambiar mi perspectiva para manejar esta emoción de manera más saludable?

10. ¿Cuáles son las posibles acciones que puedo tomar para abordar esta emoción y promover un cambio positivo?

Ten presente que la autoexploración emocional es un viaje continuo. Estas preguntas son una guía para ampliar tu comprensión de tus emociones a medida que transcurre el tiempo. El sendero hacia la sanación emocional durante una separación puede resultar desafiante. Es importante recordar que este proceso no se rige por un cronograma definido. Cada individuo transita este trayecto a su propio ritmo, y es completamente válido tomarse el tiempo necesario para experimentar, comprender y sanar.

Practicar la autocompasión y el amor propio es tan vital como comprender nuestras emociones. Permítete sentir sin juzgarte y date el espacio para procesar lo que experimentas.

Encuentra actividades que te nutran emocionalmente, ya sea meditar, realizar ejercicio, expresarte creativamente o simplemente disfrutar de momentos de tranquilidad. Estas prácticas pueden ser un bálsamo para tu ser durante tiempos difíciles.

CONSIDERACIONES IMPORTANTES

Permítete sentir y expresar tus emociones de manera honesta y sin juicios. Este registro es una herramienta para conocerte mejor y crecer emocionalmente.

Recomiendo llenar este registro las veces que sea necesario en un día. No te limites. Intenta llenarlo en el momento para que la emoción tenga más validez. Si es posible, anota los eventos o situaciones específicas que desencadenaron cada emoción. Esto te ayudará a comprender qué situaciones pueden estar afectando tu estado de ánimo.

Junto con cada emoción, toma un momento para reflexionar sobre por qué te sentiste así y si alguna acción es necesaria para responder adecuadamente a tus emociones. Ser consciente de tomar acción ante el posible resultado, es vital para impactar positivamente tu proceso. Agenda citas de seguimiento con un profesional.

Una vez hayas registrado un historial significativo de tus emociones, es útil intentar identificar patrones recurrentes y su impacto en tu bienestar físico. Después de reconocerlos, establece objetivos para modificar estas emociones y trabaja en estrategias concretas para abordarlas y transformarlas.

El manejo de las emociones es un proceso continuo. No esperes resultados inmediatos. Establece un compromiso a largo plazo contigo mismo para trabajar en tu bienestar emocional. Si sientes que tus emociones interfieren en tu vida diaria, considera buscar el apoyo de un terapeuta o consejero. El apoyo profesional puede brindarte herramientas adicionales para lidiar con tus emociones. Aprende a aceptar tus emociones sin juzgarlas como "buenas" o "malas". Todas las emociones son válidas y naturales.

No te castigues por sentir lo que sientes. Darte permiso para sentir no es rendirse, es reconectar con tu más pura esencia.

EJERCICIO

Utiliza bolígrafos de colores para identificar distintas emociones. Puedes agregar colores según consideres necesario para representar cada emoción especifica.

Lista de algunas emociones:

Emociones agradables: Felicidad, alegría, gratitud, esperanza, amor, empatía, serenidad, inspiración, afecto, diversión, entusiasmo, confianza, optimismo, compasión, admiración, paz y agradecimiento.

Emociones desagradables: Enojo, rabia, impotencia, frustración, tristeza, soledad, preocupación, miedo, inseguridad, cupa, vergüenza, envidia, desesperanza, desilusión, hostilidad, desagrado y remordimiento.

REGISTRO SEMANAL DE EMOCIONES

Reflexión

¿Qué pasó que te generó esa emoción?

Cuando esa emoción llegó, ¿Cómo reaccionaste? (Observa tus reacciones cuando experimentas tus emociones)

¿En qué otro momento te has sentido así?

¿Cómo te hubiera gustado sentirte?

¿Qué aprendes de tus emociones?

L M M J V S D

EL PODER DEL
Autoconocimiento

5
EL PODER DEL AUTOCONOCIMIENTO

> *Conocerse a uno mismo es el principio de toda sabiduría.*
>
> —SÉNECA. (2009)

> *El autoconocimiento es el camino hacia la sabiduría interior y la autorrealización.*
>
> —SHARMA, R. S. (1997)

Cada vez estoy más convencida de que una de las mayores amenazas para el bienestar individual y colectivo es la falta de autoconocimiento. Una persona que no se comprende a sí misma puede ser como un barco sin rumbo, sin saber hacia dónde se dirige ni qué desea alcanzar. Esta carencia no solo afecta a la persona misma, sino que también puede impactar negativamente a las personas a su alrededor de forma inconsciente.

La falta de autocomprensión puede llevarnos a tomar acciones que hieren a otros sin siquiera darnos cuenta, o sentirnos heridos por acciones de otros aunque no haya una clara intención de su parte.

Cuando no entendemos nuestras propias cualidades y capacidades, es fácil subestimarnos y sentirnos indignos o no merecedores de éxito o felicidad. Este desapego de uno mismo puede incluso llevarnos a subestimar el valor de los demás y a no aceptar nuestra responsabilidad y oportunidades de mejorar.

El distanciamiento de nuestros verdaderos deseos y propósitos también puede dejar un vacío en la vida, haciéndonos sentir desconectados y sin rumbo, lo que nos coloca en un papel de víctima evitando oportunidades de crecimiento.

Aunque es improbable que lleguemos a conocer todas nuestras facetas, es esencial reservar tiempo para explorar nuestro yo más profundo y personal. Al embarcarnos en el viaje del autoconocimiento, nos sumergimos en un proceso enriquecedor. En este recorrido, descubrimos nuestras fortalezas, debilidades, deseos y miedos, lo que nos permite comprendernos mejor a nosotros mismos y fortalecer nuestra conexión con los demás. Aunque es improbable que lleguemos a entender completamente quiénes somos, nuestro compromiso con el crecimiento personal es fundamental para alcanzar nuestro máximo potencial.

El autoconocimiento no sólo es una herramienta valiosa en el camino de la vida, sino que también es el cimiento sobre el cual construimos nuestra felicidad y bienestar. Conocernos a nosotros mismos nos proporciona las herramientas necesarias para navegar por los altibajos de la existencia con gracia y determinación, incluso en medio de la adversidad.

Al profundizar en nuestro propio ser, nos capacitamos para tomar decisiones con mayor claridad y sabiduría. Esta comprensión nos permite evaluar nuestras opciones de manera más informada y alinear nuestras acciones con nuestros valores y metas más profundos. Además, nos ayuda a gestionar nuestras emociones de manera más saludable, lo que fortalece nuestra resiliencia emocional y nos permite mantenernos equilibrados en momentos de turbulencia.

El autoconocimiento también nutre nuestras relaciones interpersonales. Al comprender nuestras propias necesidades, deseos y límites, podemos establecer límites saludables y comunicarnos de manera más efectiva con los demás. Esto crea una base firme para relaciones más auténticas y satisfactorias, tanto en el ámbito personal como profesional. Nos ayuda a identificar áreas de mejora y a trabajar en ellas con determinación y autoaceptación. Al vivir en coherencia con nuestros valores más profundos, encontramos un sentido de propósito y significado que enriquece nuestra intención de vivir.

"La verdadera libertad comienza cuando te conoces lo suficiente como para tomar control consciente de tus pensamientos, emociones y acciones."

Afortunadamente, decidí buscar diversas herramientas de apoyo para afrontar este proceso. Recurrí a terapias, conferencias, espacios espirituales, audios, libros y otros recursos que me enseñaron la importancia de la introspección y mirar hacia adentro. Durante mi formación en coaching, me adentré en un mundo fascinante: indagué profundamente en todos los aspectos de mi vida. Fue un viaje en el que aprendí a abrazar tanto mis virtudes como mis imperfecciones. Exploré mis juicios y creencias, examiné mis fortalezas, debilidades, metas, sueños, relaciones, autoestima, principios, límites y muchos otros aspectos de mí misma. Este proceso de autoconocimiento me permitió reevaluar mi vida. Aunque sé que aún no conozco todo acerca de mí, tengo una base sólida para continuar en este viaje llamado vida.

Emprender esta transformación requiere una convicción profunda de querer realizar cambios significativos en tu vida. Es un desafío que sólo tú puedes enfrentar si estás verdaderamente comprometido. Responder cuestionarios puede ser útil, pero si no conviertes esas respuestas en reflexiones y acciones concretas, lamentablemente estarás desperdiciando tu tiempo.

La perseverancia y la determinación juegan un papel trascendental, ya que el camino, seguramente te encontrarás con obstáculos, pero es importante mantener el enfoque en las recompensas finales: un mayor autoconocimiento, una autenticidad más profunda y la posibilidad de llevar una vida más rica en significado y satisfacción. Estas metas finales son como faros luminosos que nos guían a través de las dificultades y nos recuerdan el valor de persistir en el camino hacia una vida más plena y significativa.

Es cierto que el proceso de autoconocimiento es continuo y nunca termina, se convierte en un estilo de vida. A lo largo de la vida, estamos constantemente experimentando nuevas situaciones, aprendiendo de nuestras experiencias y evolucionando como individuos. Por lo tanto, siempre hay aspectos de nosotros mismos que estamos descubriendo y comprendiendo de manera más profunda, sin embargo, aunque el autoconocimiento es un viaje sin fin, podemos llegar a un nivel de comprensión más completo y profundo de nosotros mismos a medida que avanzamos en este camino. A través de la reflexión, la introspección y la autoexploración continua, podemos descubrir nuevas capas de nuestra identidad, motivaciones y valores.

Podemos utilizar herramientas y prácticas específicas, como la meditación, la terapia o el coaching, para profundizar en nuestro autoconocimiento y desarrollar una comprensión más clara de nosotros mismos. Estas prácticas nos ayudan a explorar nuestras creencias subconscientes, patrones de pensamiento y emociones arraigadas, lo que nos permite desentrañar aspectos más profundos de nuestra psique. Aunque nunca llegamos a un punto final en nuestro viaje de autoconocimiento, cada paso que damos nos acerca más a vivir una vida más auténtica, significativa y en sintonía con nuestros verdaderos seres.

Los expertos en inteligencia emocional destacan la importancia de tener claros nuestros principios y valores, ya que actúan como el timón que orienta tu rumbo en el vasto océano de elecciones y desafíos diarios. Son los cimientos sólidos en el edificio de tu identidad, proporcionando estabilidad y firmeza. Cuando están bien establecidos, te permiten tomar decisiones alineadas con tus valores, brindándote una mayor resistencia emocional frente a los desafíos.

Reconocer tu responsabilidad en los resultados obtenidos te empodera y te permite tomar decisiones más alineadas con tu verdadero ser. Superar la mentalidad de víctima puede ser desafiante, pero es decisivo para evitar el estancamiento y abrazar el crecimiento personal.Enfrentar el miedo al cambio, a lo desconocido y a la pérdida es parte intrínseca de este proceso, pero es precisamente en esta confrontación contigo mismo donde reside la verdadera oportunidad de crecimiento y transformación personal.

VENTAJAS DEL AUTOCONOCIMIENTO

- **Claridad de metas:** Entender tus valores, capacidades, áreas de mejora y deseos te ayuda a establecer objetivos más precisos y alineados con tus aspiraciones. Esto te permite fijar metas realistas y significativas que te inspiran y te impulsan hacia adelante.

- **Toma de decisiones informadas:** Conocer tus preferencias, creencias y motivaciones te brinda una base sólida para tomar decisiones más acertadas. Al estar bien informado sobre ti mismo, puedes evaluar las opciones con mayor claridad y elegir el camino que mejor se adapte a tus metas y valores personales.

- **Crecimiento personal:** Identificar áreas de mejora te permite trabajar en ellas de manera efectiva. Potenciar tus fortalezas y abordar tus debilidades te brinda oportunidades para aprender y desarrollarte.

- **Mejora de relaciones:** Conocerte a ti mismo también fortalece tus relaciones con los demás. Al comprender tus propias reacciones y comportamientos, facilitas la comunicación y la resolución de conflictos. Además, establecer límites saludables promueve conexiones más auténticas y satisfactorias.

- **Autoconfianza:** El autoconocimiento fomenta la confianza en uno mismo y la autoestima. Al comprender quién eres y qué puedes lograr, te sientes más seguro y preparado para enfrentar los desafíos con determinación y optimismo.

Te invito a embarcarte en un viaje de autoconocimiento, a descubrir lo mejor y lo peor de ti con amor y comprensión. Intégralo todo como parte de tu identidad única. Define tus valores, principios y metas personales, y atrévete a explorar más profundamente quién eres. Conócete a ti mismo en todos tus aspectos: tus fortalezas, debilidades, sueños y miedos. Acepta cada parte con amor y sin juicio, reconociendo que todas contribuyen a tu autenticidad y crecimiento personal.

Define tus valores fundamentales y aquellos principios que guían tus decisiones y acciones. Reflexiona sobre qué es realmente importante para ti en la vida y cómo puedes alinear tus acciones con estos valores.

Establece metas significativas y desafiantes que te inspiren a crecer y evolucionar. Permítete salir de tu zona de confort y explorar nuevas facetas de tu ser, enfrentando desafíos que te ayuden a descubrir tu verdadero potencial. Adéntrate en una exploración profunda de ti mismo a través de la introspección, la meditación o el diálogo interno. Pregúntate quién eres realmente más allá de las etiquetas y expectativas externas, y cultiva una conexión más profunda contigo mismo.

Este viaje de autoconocimiento te llevará a una mayor comprensión y aceptación de quién eres. Te permitirá construir una identidad sólida y auténtica, basada en la integridad y la alineación con tus valores más profundos. Es un proceso desafiante y no todos están dispuestos a transitarlo, pero te invita a explorar profundamente quién eres, a reconocer tus áreas de mejora y a abrazar tus fortalezas. Cada paso que tomas da forma a tu camino y define la persona en la que te quieres convertir.

Hagamos una pequeña reflexión para entender tu situación actual y visualizar hacia dónde deseas dirigirte, así como identificar las necesidades que tienes en este momento. Confía en que gradualmente recuperarás el sentido de tu vida y el control sobre tus emociones, reconociendo tu capacidad para lograr tus metas y tomar decisiones que antes creías inalcanzables.

TOMA LÁPIZ Y PAPEL, Y CONTESTA ESTAS PREGUNTAS.

- ¿Cuál es tu propósito o misión personal, y cómo puedes vivir más alineado con ello?
- ¿Qué aspectos de ti quieres entender mejor?

• ¿Cuáles son tus valores fundamentales y cómo influyen en tus decisiones?

• ¿Cómo las experiencias pasadas han moldeado quien eres hoy?

• ¿Cuáles son tus mayores miedos e inseguridades?

• ¿Qué actividades te hacen sentir más auténtico y/o vivo?

• ¿Cuáles son tus talentos y habilidades?

• ¿Cuáles son tus debilidades?

• ¿Qué patrones de pensamiento o comportamiento quieres cambiar para mejorar tu vida? ¿Los reconoces?

• ¿Cómo puedes cultivar una mayor conexión contigo mismo y con los demás?

• ¿Qué aspectos de tu vida necesitan más atención o equilibrio en este momento?

• ¿Qué lecciones puedes aprender de tus experiencias pasadas para crecer y evolucionar?

• ¿Cómo puedes practicar el autocuidado y el amor propio diariamente?

• ¿Cuáles son tus principales logros?

• ¿Lista 5 a 10 cosas que te hacen único?

• ¿Cuáles son tus principales motivaciones?

• ¿Qué es para ti la felicidad? ¿Qué es para ti el éxito?

• ¿Cuáles son tus prioridades?

• ¿Cómo te sientes hoy?

La autoevaluación y la reflexión son pasos importantes en el camino hacia una vida más saludable y satisfactoria después del divorcio. Tomar conciencia de en dónde estás, te ayuda a ver con claridad a dónde quieres ir. El ejercicio es gratis, aunque no logres evitar el dolor, vale la pena hacerlo. Verás como poco a poco la carga emocional y la tensión que el divorcio conlleva comienzan a disminuir, permitiéndote respirar con más facilidad. Poco a poco recuperas el sentido de la vida, el control sobre tu estabilidad emocional y te das cuenta de que eres capaz de lograr cosas y tomar decisiones que nunca pensaste posibles.

Ahora es tu turno de mirar adelante.

IDENTIFICA:

¿Cómo te quiere sentir?

¿Qué crees que necesitas para sentirte así?

¿Qué acciones necesitas tomar para llegar ahí?

¿Qué cambios puedes hacer para alinearte mejor con tu visión de futuro y tus valores más profundos?

¿Cuál es tu primer paso concreto y cuándo lo llevarás a cabo?

LISTA 5 ACCIONES

Ahora, elabora tu lista de acciones, sin importar si son grandes o pequeñas, pero que te lleven hacia tu nueva versión de ti mismo.

Esta guía se presenta como una herramienta valiosa para descubrir y abordar tus necesidades, así como para trazar un plan de acción concreto. Si te resulta difícil encontrar respuestas, imagina cómo te gustaría ser recordado o recordada. Visualiza el tipo de persona que eres en esa visión o toma como modelo a alguien que te haya inspirado. Reflexiona sobre quién es esa persona, cómo se comporta y cómo llegó a donde está. Es esencial recordar que, además de este ejercicio introspectivo, buscar apoyo puede ser un gran complemento en tu proceso de exploración.

El autoconocimiento, en este contexto, va más allá de simplemente contestar preguntas, implica adentrarse en los pilares básicos que moldean tu conducta y elecciones. La autenticidad surge cuando tus acciones reflejan fielmente tus creencias más profundas. Explorar estos cimientos incluye la definición clara de principios y valores, proporcionando un marco ético que guía tus decisiones en la travesía de la vida.

Si mañana dejaras este mundo, ¿cómo te gustaría ser recordado?

Por favor, tómate un momento para reflexionar sobre la pregunta anterior y proporciona una respuesta honesta y reflexiva. Esta pregunta está diseñada para ayudarte a considerar tu legado personal y cómo deseas ser recordado por aquellos que te rodean. No hay respuestas correctas o incorrectas; simplemente reflexiona sobre lo que realmente es importante para ti en términos de tu impacto en los demás y cómo te gustaría ser recordado.

Estas reflexiones actúan como un llamado a la acción, recordándote que tienes el poder de tomar decisiones conscientes que estén alineadas con tu verdadera esencia y tu máximo potencial.

Recuerda: Eres como actúas cuando nadie te ve, se llama integridad.

Al final de este libro, descubrirás un apéndice con una lista de preguntas para profundizar. Algunas personas podrían evitar estas preguntas debido a su naturaleza dolorosa o desafiante. Se podrían sentir incómodas o no listas para explorar sus miedos y sentimientos de culpa en ese momento. Sin embargo, para otros, estas preguntas representan una oportunidad de crecimiento personal y autoexploración. Pueden sentirse motivadas a examinar sus valores, enfrentar sus miedos y liberarse de la culpa para avanzar hacia una vida más auténtica y satisfactoria.

EL PODER DE

La soledad

6
EL PODER DE LA SOLEDAD

Nadie nos salva a nosotros mismos excepto nosotros mismos. Nadie puede y nadie debe. Nosotros mismos debemos caminar el camino.

—BUDDHA

El silencio es el único amigo que jamás traiciona.

— CONFUCIO

Seguramente estás atravesando un momento en el que sientes que todo carece de sentido, y tus sueños parecen haberse desvanecido. A pesar de tus esfuerzos, parece que nada funciona como deseas. Sientes un constante apretón en el pecho y hay un abismo en tu interior que te resulta incomprensible. Sientes un nudo en la garganta y, por más que te esfuerces, no encuentras una salida clara, un rumbo definido. Puedo entender cómo te sientes. Durante mucho tiempo, me sentí como si estuviera flotando en un mar de tristeza, rodeada por la oscuridad en todo momento. No veía salida, no hallaba sentido, todo parecía gris a pesar de mis esfuerzos por ver lo positivo de las cosas. Me adentré a dar capacitaciones sobre el poder del entusiasmo intentando convencerme de que mi actitud era lo único que determinaría mi altitud y de que una sonrisa puede sanar almas.

Estuve sumida en una tormenta de emociones, miedos y una angustia profunda, con un temor arraigado a la soledad. No lograba encontrar significado en algo que representaba un dolor tan profundo para mí, un duelo que nadie podía evitar, un dolor que sólo se comprende al atravesarlo. En medio de la angustia, tuve que aprender a separarme de lo que más amaba, mi hijo. Tuve que sacar adelante todo lo que en algún momento de mi vida soñé lograr junto a alguien; a escuchar el silencio y a sumergirme en el sentimiento de vacío. Fue una experiencia desafiante, pero hoy puedo decir con convicción y orgullo que fue un proceso transformador y que es posible sanar.

Como mencioné antes, una de mis grandes metas era mantener la presencia del padre en la vida de mi hijo. Para mí era indispensable y no estaba sujeto a negociación, costara lo que costara, pero no sabía lo alto que sería ese costo. El primer gran costo que enfrenté fue separarme de mi hijo para que pasara algunos días con su padre, lejos de mí. Recuerdo sentirme destrozada al ver a mi hijo, apenas un bebé, salir de casa con su padre. Fue una experiencia extremadamente dolorosa; todavía me resulta difícil describirla. Las primeras veces, ni siquiera podía mantenerme en pie, sin entender por qué tenía que separarme de mi pequeño durante todo un fin de semana. Se trataba de un acto que alejaba a una inocente criatura de los brazos de su madre, y me preguntaba si él podía comprenderlo. Tenía un miedo constante de que su papá no lo cuidara tan bien como yo y algo malo pudiera ocurrirle. Sin embargo, este miedo trascendía mucho más allá de la simple preocupación. Para mí, significaba revivir una experiencia dolorosa de mi infancia, en donde tuve que enfrentar la penosa realidad de separarme de mis padres y tener que elegir a uno u el otro. La falta de confianza que sentía no se dirigía hacia el padre en sí, sino más bien hacia los recuerdos que había vivido de niña y al dolor de ver que mi hijo fuera víctima de lo que yo siempre quise evitarle.

La sensación de estar sola me abrumaba. El silencio reinante en la casa se tornaba cada vez más inmenso, llenando los espacios con una quietud insoportable. Cada rincón parecía amplificar mi sensación de vacío, como si cada habitación estuviera impregnada de un eco que resonaba con mi soledad interna. Cada espacio vacío parecía gritar la falta de compañía, acentuando la sensación de un corazón solitario. Era un vacío que no se limitaba a las paredes físicas, sino que se extendía a mi ser emocional. Con el paso del tiempo, comencé a percibir que esta soledad trascendía la ausencia física de compañía; se trataba de un conflicto profundo que me sumía en la incertidumbre, llevándome a cuestionar la dirección de mi vida y mi propia identidad.

Descubrí que había entregado tanto de mí en esa relación que había dejado en segundo plano mis propios sueños y aspiraciones. Dejé de cuidarme, de verme, de sentirme, de buscar mi propia realización. La soledad no se manifestaba únicamente como un vacío emocional, sino como un despertar interno, un llamado urgente para reencontrarme conmigo misma. Anhelaba desesperadamente sentir apoyo, compañía y la esperanza de que alguien pudiese comprender la profundidad de mi dolor. A pesar del constante cuidado y atención de amigos y familiares por mi bienestar, sus esfuerzos parecían insuficientes para llenar aquel abismo que persistía después de la pérdida de mi hogar. Solo quería gritar y no me sentía capaz de hacerlo.

Los sentimientos de tristeza, dolor y nostalgia se me volvieron compañeros habituales. Aquel vacío interior que sentía se arraigaba cada vez más profundo y, aunque intentaba encontrar consuelo de diversas formas, nada lograba aliviar el peso de esa ausencia. Me sentía como si hubiera extraviado la brújula de mi vida, sin saber quién era realmente ni hacia dónde me dirigía. Sabía que tenía la oportunidad de reflexionar sobre mis metas, mis valores y mis deseos personales, pero reconocía que era un proceso doloroso y no me sentía capaz de afrontarlo.

Poco a poco, fui comprendiendo que la soledad era parte de mi proceso y que aceptarla se tornaba imprescindible para avanzar. Con el transcurso de los días, las visitas, las llamadas y los momentos en que mi hijo estaba con su padre se volvieron más habituales. A medida que estas situaciones se repetían, aprendí a enfrentarlas con una actitud positiva y resiliente. Aproveché esos espacios para reflexionar, descansar, trabajar en mi crecimiento personal y conectar con mis emociones.

Con el tiempo, la sensación de pérdida comenzó a disminuir, y descubrí que estos espacios eran una oportunidad para fortalecerme. **Comprendí que esos vacíos no eran abismos de ausencia, sino valiosas oportunidades para redescubrir mi identidad.** La compañía de mi mascota, un ser de lealtad inquebrantable, se convirtió en un bálsamo indispensable en mi travesía hacia la aceptación de la soledad. A través de esta conexión, descubrí una fuente inagotable de fuerza y resiliencia, aprendiendo a manejar la distancia de mi hijo y a apreciar la belleza de la existencia en su estado más puro.

En mi trayectoria personal, encontré un punto de quiebre para superar la sensación de soledad tras mi divorcio: **aprender a confiar en mí misma, y vivir la soledad como parte de un proceso natural de la vida.** Este proceso implicó aceptarme completamente, abrazar mi identidad genuina y cultivar una confianza profunda que hasta entonces me caracterizaba sólo en mi vida profesional. Al abrazar mi vulnerabilidad y reconocer mi fortaleza interior, encontré un equilibrio que me permitió crecer y evolucionar de manera genuina y consciente.

Tuve ángeles cerca de mí que me acompañaron en mi profundo vacío. Fueron la luz que disipó mi oscuridad, sin esperar nada a cambio. Llegaban para ofrecerme una voz de aliento en momentos difíciles, un abrazo reconfortante que calentaba mi corazón o simplemente su presencia silenciosa que me recordaba que no estaba sola en mi camino. Estos ángeles siguen siendo parte de mi vida, y agradezco al universo porque son luz en mi caminar.

Las redes de contacto son pilares fundamentales para construir una vida social sana. Funcionan como una red de seguridad que nos sostiene en los momentos más difíciles, brindándonos apoyo tanto emocional como práctico. Su apoyo tiene un impacto terapéutico que ayuda a afrontar los desafíos con mayor resiliencia. Nos recuerdan que no estamos solos, que siempre hay alguien dispuesto a apoyarnos y abrazarnos en la dificultad.

El viaje para superar la soledad tras el divorcio no sólo se trató de encontrar compañía externa, sino de desarrollar una conexión estable conmigo misma. A medida que profundizaba en este proceso, descubrí una fuerza interior que me ayudó a superar los momentos difíciles y a encontrar la plenitud en mi propia compañía. Aprendí a conocer el origen de mi soledad y a entender cómo enfrentarla día a día. En lugar de aferrarme a la tristeza o a la incertidumbre, decidí empoderarme, reconociendo mi fuerza interior y la capacidad de navegar por este periodo desafiante.

Hoy me permito sentir tristeza cuando es necesario, abrazando ese espacio y navegando por el vacío que a veces regresa para recordarme que la soledad está arraigada en las carencias profundas de mi infancia. Aunque estas emociones forman parte de mi historia, no me definen ni me controlan. **Hay momentos en los que me siento empoderada y capaz de enfrentar la soledad desde un lugar de crecimiento personal. En otras ocasiones, simplemente me permito sentirla sin juzgarme.**

Reconozco que la tristeza y la soledad no son emociones que desaparecen de la noche a la mañana. Requieren tiempo, paciencia y compasión hacia uno mismo. Cada vez que me permito sentir estas emociones, estoy validando mi experiencia humana y honrando mi proceso de sanación. Al enfrentar y aceptar estos sentimientos, estoy construyendo una relación más saludable y comprensiva conmigo misma.

A veces, el simple acto de permitirme sentir sin tratar de cambiarlo o arreglarlo es un acto de valentía y autocompasión. Al aceptar mi historia y mis emociones, estoy dando pasos hacia una mayor autocomprensión y resiliencia. Estoy aprendiendo a ser amable conmigo misma, reconociendo que cada emoción tiene su lugar y su tiempo. En este proceso, encuentro fortaleza y sabiduría, recordando que la soledad y la tristeza son sólo una parte de mi experiencia, no la totalidad de mi ser.

Esta confianza no surgió de la noche a la mañana, sino que se construyó gradualmente a través de pequeños logros y momentos de autorreflexión. Aprendí a escuchar mis propias necesidades, a valorar mis fortalezas y a aceptar mis limitaciones. Al hacerlo, me di cuenta de que tenía la capacidad de enfrentar la soledad y el cambio con valentía. Confiar en el proceso fue y sigue siendo fundamental. ***Comprendí que la recuperación no seguiría una línea recta.*** Habría días pesados y otros más livianos, pero cada uno sería parte del viaje hacia la sanación. Aceptar la naturaleza fluctuante de mis emociones y permitirme sentirlas sin juzgarme sigue siendo un aspecto enriquecedor de este proceso.

Existe una marcada diferencia entre la experiencia de estar sola y sentirse sola. Después de un tiempo en la relación, me di cuenta de que, a pesar de estar acompañada, me sentía sola. Sin embargo, al enfrentarme a la verdadera soledad tras la separación, comprendí que esta era mucho más profunda; era un vacío emocional arraigado en lo más profundo de mi ser. Fue entonces cuando me di cuenta de que nadie llenaría este vacío, sino que requería un trabajo interno significativo y una conexión espiritual profunda conmigo misma y con Dios. Esta revelación marcó el comienzo de un viaje de exploración y sanación personal, donde aprendí a encontrar plenitud dentro de mí misma y en mi conexión con lo divino. Descubrí que la verdadera plenitud yace dentro de mí, no en las relaciones externas.

"Puedes estar rodeado de personas y aún así sentirte solo, o puedes estar solo y sentirte en completa armonía contigo mismo."

Hoy puedo decir que me siento conectada con mi ser interior y con una fuerza superior que me guía y me sostiene. Mi soledad ya no es un vacío insuperable, sino un espacio sagrado donde puedo encontrarme a mí misma y descubrir mi verdadera fuerza interior.

La soledad es una preocupación cada vez más relevante y objeto de intensa investigación en la actualidad. De hecho, ha emergido como un problema reconocido a nivel global por la Organización Mundial de la Salud (OMS). Esta entidad ha señalado que el aislamiento social y la falta de conexiones significativas pueden tener consecuencias adversas para la salud mental y física. El aislamiento social prolongado puede generar tristeza, ansiedad e incluso aumentar el riesgo de desarrollar problemas de salud como depresión, estrés crónico e hipertensión (Organización Mundial de la Salud, OMS, 2021). Por tanto, **es necesario abordar la soledad con conciencia y buscar estrategias para manejarla de manera saludable.** No debes subestimar su impacto en tu vida. Buscar ayuda no sólo significa contar con el apoyo de amigos y familiares, sino también considerar la posibilidad de hablar con profesionales de la salud mental o un terapeuta. Estos expertos pueden ofrecer orientación, herramientas y estrategias para manejar los sentimientos de soledad y encontrar formas positivas de conexión y apoyo emocional.

Reconocer, comprender y aceptar la soledad como parte de la vida es un paso fundamental. Al abrazar la soledad, reconoces su presencia como un componente intrínseco de la experiencia humana. Este abrazo no implica resignación o conformidad, sino más bien una comprensión profunda de que la soledad puede ser un espacio para el autodescubrimiento y el crecimiento personal. Si sientes que la soledad está ejerciendo un impacto negativo en tu bienestar emocional o mental, es imperativo buscar ayuda y apoyo.

Al conectar con lo que te brinda auténtica paz y serenidad, descubres la riqueza de las conexiones humanas de una manera más profunda y enriquecedora. Encuentras alegría en los momentos significativos compartidos con otros, en las relaciones que nutren tu vida y te permiten crecer como individuo. Estos encuentros, ya sean con amigos, familiares o incluso desconocidos, te brindan la oportunidad de comprender y apreciar la diversidad de experiencias y perspectivas.

Valorar estas conexiones y relaciones no sólo implica disfrutar los momentos de compañía, sino también los espacios a solas. Al encontrar tiempo a solas, te permites explorar tus pensamientos más profundos, descubrir tus pasiones, sueños y aspiraciones. Es un momento para cultivar la conexión con tu ser, para entender tus necesidades internas y buscar aquello que te inspira y te motiva. En lugar de resistir la soledad, acepta este tiempo como una oportunidad para conocerte mejor y descubrir lo que realmente te hace feliz. Encuentra alegría en los pequeños detalles, como una conversación con un amigo, un paseo en la naturaleza o un momento de tranquilidad para reflexionar. Con el tiempo, descubrirás que este proceso te empodera, permitiéndote enfrentar la vida con una mayor confianza y una perspectiva renovada.

ALGUNAS CLAVES PARA GESTIONAR LA SOLEDAD:

- **Identifica las razones de tu soledad:** Reconocer por qué te sientes solo es el primer paso para abordar esta situación.
- **Explora su origen:** Indagar en las razones de tu soledad te ayudará a comprender mejor tus necesidades emocionales y a encontrar conexiones significativas.
- **Reconoce tu soledad:** Identifica los momentos o situaciones que desencadenan tus sentimientos de soledad. Estos pueden proporcionar pistas importantes sobre las áreas de tu vida que necesitan atención.
- **Acepta tu soledad:** Aceptar y reconocer tus sentimientos de soledad ayudarán a que puedas trabajar en ellos de manera constructiva.
- **Gestiona la soledad:** Toma medidas concretas para manejar tu soledad. Esto puede incluir buscar apoyo emocional,

participar en actividades sociales que te interesen o buscar ayuda profesional si lo necesitas.

- **Desarrolla una relación positiva contigo mismo:** Explora maneras de cultivar la autoaceptación y el autocuidado. Dedica tiempo a actividades que te hagan sentir bien y que fomenten tu bienestar emocional.

- **Practica la gratitud:** Cultiva un sentido de aprecio por las cosas positivas en tu vida. Reconocer y valorar las bendiciones y las relaciones significativas que ya tienes puede ayudar a contrarrestar los sentimientos de soledad.

- **Establece conexiones sociales:** Busca oportunidades para conectarte con otras personas, ya sea a través de actividades grupales, eventos comunitarios o reuniones con amigos y familiares.

- **Desarrolla intereses y pasatiempos:** Dedica tiempo a actividades que te apasionen y te hagan sentir realizado. Participar en pasatiempos o proyectos creativos puede no solo llenar tu tiempo de manera significativa, sino también ayudarte a conocer a otras personas con intereses similares.

- **Practica el cuidado personal:** Prioriza tu bienestar físico, emocional y mental. Esto puede incluir actividades como hacer ejercicio regularmente, practicar técnicas de relajación o meditación, y mantener una alimentación saludable.

Al aplicar estas claves en tu vida diaria, podrás abordar la soledad desde múltiples ángulos y trabajar hacia una mayor conexión emocional y bienestar.

Por otro lado, te invito a hacer estos ejercicios de indagación para que puedas conectar de manera importante con tu soledad.

PREGUNTAS PARA REFLEXIONAR SOBRE LA SOLEDAD

¿Por qué sientes soledad?	
¿Realmente estás solo o es simplemente cómo te sientes?	
¿Qué patrones de pensamiento contribuyen a tu soledad?	
¿En qué momentos específicos o situaciones sientes más intensamente la soledad?	
¿Qué recursos tienes a tu disposición para afrontar la soledad?	
¿Estás tratando activamente de abordar tu soledad o de mitigar sus efectos negativos?	

¿Qué necesitas para no sentirte solo?	
¿Cómo definirías la soledad para ti?	
¿Con qué frecuencia atraviesas sentimientos de soledad?	
¿Qué situaciones o circunstancias te hacen sentir más solo/a?	
¿Cómo describirías tus pensamientos y emociones cuando te sientes solo/a?	
¿Hay momentos específicos del día en los que la soledad es más intensa?	

¿Qué actividades o pasatiempos encuentras más reconfortantes cuando te sientes solo/a?	
¿Has identificado patrones de pensamiento negativos relacionados con la soledad?	
¿Qué estrategias utilizas actualmente para hacer frente a la soledad?	
¿Encuentras que compartir tus sentimientos de soledad con otros ayuda a mitigarlos?	
¿Has buscado ayuda profesional o apoyo para lidiar con la soledad? Si es así, ¿cómo ha sido tu experiencia?	
¿Qué crees que podrías hacer para reducir la sensación de soledad en tu vida?	

¿Qué recursos o herramientas encuentras útiles para combatir la soledad?	
¿Cómo te imaginas tu vida si pudieras reducir la intensidad de la soledad que experimentas?	
¿Qué aspectos de tu vida te gustaría mejorar para sentirte más conectado/a y menos solo/a?	
¿Hay algún cambio que puedas hacer en tu entorno social o en tus actividades diarias que crees que podría ayudarte a sentirte menos solo/a?	

Estas preguntas pueden servir como punto de partida para explorar más a fondo la experiencia personal de la soledad y encontrar formas efectivas de abordarla.

En situaciones como un divorcio o una separación, dar un propósito a la soledad puede significar utilizar ese tiempo para sanar emocionalmente, reflexionar sobre la relación pasada y aprender lecciones valiosas, redescubrir tus intereses y metas personales o fortalecer tus relaciones con amigos y familiares. Buscar este propósito implica reflexionar sobre quién eres y lo que deseas.

Esta introspección te permite redescubrirte, reconociendo tus valores y deseos, ayudándote a superar la dependencia emocional. Recuerda que, al principio, es posible sentir una intensa sensación de vacío y tristeza. En este punto, es importante permitirse sentir esas emociones y entender que son normales. Con el tiempo, estas emociones tienden a disminuir gradualmente, pero es posible que surjan altibajos emocionales a medida que se avanza en el proceso de recuperación. Ser paciente y permitirte procesar estas emociones son cimientos determinantes para el proceso de sanación.

IDENTIFICA TUS INTERESES PERSONALES

Toma un papel y un bolígrafo y haz una lista de todos tus intereses y las actividades que disfrutas hacer en solitario.

Clasifica tus intereses: Una vez que hayas elaborado tu lista, clasifica cada interés en diferentes categorías según tus preferencias personales. Algunas categorías podrían incluir:

- Pasatiempos creativos: Actividades como escribir, pintar, dibujar, tocar un instrumento musical, etc.
- Actividades al aire libre: Practicar senderismo, correr, montar en bicicleta, hacer jardinería, etc.
- Exploración cultural: Visitar museos, galerías de arte, conciertos, exposiciones, etc.
- Desarrollo personal: Meditación, yoga, lectura de libros de desarrollo personal, etc.
- Actividades relajantes: Tomar baños largos, escuchar música tranquila, practicar la respiración consciente, etc.

Esto podría implicar reservar un tiempo específico en tu agenda para practicar tus pasatiempos creativos, salir a dar un paseo en la naturaleza durante el fin de semana, programar visitas a museos o exposiciones culturales, establecer una rutina diaria de meditación o yoga, o simplemente reservar un momento tranquilo cada día para relajarte y recargar energías.

Al realizar este ejercicio, estarás reconociendo la importancia de dedicar tiempo a tus intereses personales y disfrutar de actividades en solitario que te brindan alegría y satisfacción. Además, te ayudará a cultivar una mayor conexión contigo mismo y a encontrar momentos de paz y plenitud en tu vida cotidiana.

Buscar apoyo de amigos, familiares o profesionales puede ser beneficioso si los sentimientos de soledad se vuelven abrumadores o persistentes.

IDENTIFICA TUS REDES DE APOYO

Haz una lista de conocidos: Toma un papel y un bolígrafo y haz una lista de todas las personas que conoces y que podrían constituir una red de apoyo para ti en momentos de soledad o necesidad emocional.

Clasifica tu lista: Una vez que hayas elaborado tu lista, clasifica a cada persona en diferentes categorías o redes sociales. Algunas categorías podrían incluir:

- Familia: Miembros cercanos de tu familia, como padres, hermanos, primos, etc.

- Red de apoyo de crianza: Padres de los amigos de tus hijos, compañeros de clase de tus hijos, etc.

- Amigos y familiares con intereses similares: Personas con las que compartes intereses comunes, como deportes, hobbies, música, etc.

- Contactos profesionales y laborales: Colegas de trabajo, excompañeros de clase, etc.

- Amigos para salir a divertirse: Personas con las que disfrutas pasar tiempo socializando y divirtiéndote.

- Amigos para interactuar en intereses estructurales: Personas con las que compartes intereses más profundos o estructurales, como discusiones académicas, debates sobre temas importantes, etc.

- Intereses literarios, musicales, académicos, etc.: Personas con las que compartes intereses específicos en áreas como la literatura, la música, la academia, etc.

Reflexiona sobre tu red de apoyo y una vez que hayas clasificado a todas las personas en tu lista planifica cómo puedes interactuar más con ellos en tu vida diaria. Esto podría implicar llamar a un amigo para tomar un café, organizar una reunión con tus vecinos para charlar, unirte a un grupo de interés común o simplemente enviar un mensaje de texto a un miembro de tu familia para ponerse al día.

Al realizar este ejercicio, estarás tomando medidas para fortalecer tu red de apoyo y abordar la sensación de soledad de manera proactiva. Además, te ayudará a reconfigurar tus patrones sociales y a reconocer la importancia de las relaciones interpersonales en tu vida.

Si, a pesar de tus esfuerzos constantes, el sentimiento de soledad persiste y se prolonga en el tiempo, puede ser indicativo de una situación más compleja que requiere atención especializada. En estos casos, buscar ayuda profesional te brinda la oportunidad de explorar más a fondo las causas subyacentes de tu soledad y aprender estrategias efectivas para gestionarla y superarla. Un terapeuta o consejero puede proporcionar el apoyo y la orientación necesarios para abordar tus emociones, identificar patrones de pensamiento negativos y desarrollar habilidades para mejorar tus relaciones y tu bienestar emocional. Recuerda que buscar ayuda no es un signo de debilidad, sino un paso valiente hacia el autocuidado y el crecimiento personal.

> **Es en el silencio en donde encuentras las verdaderas respuestas. La soledad puede ser un gran aliado si aprendes a convivir con ella.**

EL PODER DE

La fe y la espiritualidad

7
EL PODER DE LA FE Y LA ESPIRITUALIDAD

La fe es la fortaleza interior que nos permite enfrentar la adversidad con valentía.

—MARTIN LUTHER KING JR.

La fe y la espiritualidad son senderos íntimos que se entrelazan con nuestras experiencias individuales y pensamientos más profundos. Al compartir mi historia, quiero subrayar que estas reflexiones reflejan mi viaje personal. Mi objetivo no es imponer ni influir en tus propias convicciones, sino, más bien, ofrecer mi visión con el mayor respeto hacia tus propias creencias y experiencias.

El día de mi matrimonio fue un momento de alegría, envuelto en amor y rodeado de seres queridos. En ese altar, con un vestido blanco que simbolizaba la pureza y la promesa, entregué mi compromiso de amor eterno y fidelidad. Sin embargo, lo que parecía un camino firme y seguro pronto se convirtió en un viaje emocional desconcertante. Encontrarme en medio de un dolor tan abrumador me sumió en una compleja encrucijada. Sentimientos de confusión, tristeza y miedo se entrelazaron en emociones difíciles de enfrentar.

Con el tiempo, la conexión profunda que mantenía con mi fe y espiritualidad comenzó a desvanecerse.

Me propuse cuestionar no sólo mis propias creencias, sino también la presencia y el papel de lo divino en mi vida. La confusión se intensificó con cada consejo contradictorio que recibía de personas con convicciones religiosas, muchas de las cuales me hacían sentir culpable por no luchar más por mi matrimonio.

Recuperar mi fe se convirtió en un proceso complejo y desafiante. Sentí que las reglas y normas religiosas me juzgaban, lo que me hizo sentir indigna de hallar paz y consuelo. Fue en ese punto cuando tomé la decisión de ampliar mis horizontes y explorar otras filosofías y creencias. Esta búsqueda no fue un abandono de mis raíces espirituales, sino más bien una expansión de mi comprensión y conexión con lo divino desde una perspectiva más personal y significativa lo que me dejó grandes aprendizajes.

En el viaje espiritual se nos presenta la oportunidad única de explorar, cuestionar y profundizar en nuestras creencias arraigadas. Es un llamado a la reflexión constante y a la búsqueda de una comprensión más profunda de lo que realmente resuena con nuestra esencia interior.

A menudo, las creencias que hemos heredado o adoptado pueden actuar como filtros que moldean nuestra percepción del mundo y de nosotros mismos. Es esencial cuestionar estas creencias, examinar su autenticidad y evaluar si verdaderamente contribuyen a nuestro crecimiento personal y espiritual. Al hacerlo, nos permitimos abrir la mente a nuevas formas de interpretar la vida.

La práctica de cuestionar nuestras creencias no significa necesariamente desacreditarlas todas, más bien es discernir cuáles resuenan mejor con nuestra verdad interna y nos ayudan a evolucionar como seres humanos. Esto implica explorar diferentes enseñanzas, filosofías y experiencias para descubrir aquellas ideas y prácticas que nos nutren, fortalecen y nos conectan más íntimamente con nuestra esencia.

No se trata simplemente de acumular conocimientos, sino de incorporar aquello que encontramos significativo en nuestra vida diaria. La práctica espiritual auténtica implica llevar a la acción aquellas enseñanzas que promueven el amor, la compasión, la aceptación y el crecimiento personal. Es aplicar lo aprendido para transformar nuestra forma de ser, pensar y actuar en el mundo.

Este proceso de exploración y cuestionamiento puede ser desafiante, ya que nos enfrenta a la incertidumbre y a la posibilidad de salir de nuestra zona de confort. Sin embargo, es en este espacio de vulnerabilidad donde encontramos el potencial para un crecimiento sólido y una conexión más profunda con nuestra espiritualidad.

En mi viaje espiritual, he aprendido que se trata de ser genuino y de explorar continuamente quiénes somos realmente. Implica desafiar nuestras creencias, abrirnos a nuevas perspectivas y vivir en armonía con nuestra verdad más profunda. Una lección valiosa que he descubierto es la importancia de alinearnos con nuestros valores más auténticos y actuar en coherencia con ellos. Esto nos brinda una sensación de integridad y plenitud en todas las áreas de nuestra vida. La convicción y la fe en un ser superior es un pilar fundamental. A veces, el proceso puede parecer desafiante, y no siempre se ven resultados inmediatos, sin embargo, confiar en su curso implica tener una certeza de que existe un poder superior, ya sea Dios, el Universo u otra entidad, que dirige y moldea los senderos de nuestra existencia. Esta creencia nos lleva a confiar en que este poder opera en silencio, pero con propósito, abriendo puertas hacia nuevas oportunidades y transformaciones significativas en nuestras vidas.Este poder superior es como un artesano invisible que teje los hilos de nuestras experiencias, creando oportunidades que pueden conducirnos a aventuras emocionantes, a descubrimientos transformadores y a valiosos aprendizajes. Al abrazar esta creencia, se cultiva una sensación de ser parte de un plan más grande, donde cada experiencia, ya sea desafiante o placentera, tiene un propósito que contribuye al crecimiento personal.

"La fe es confiar en el proceso aunque no comprendas el camino. Avanza sin detenerte..."

La fe no es una solución mágica para todos los problemas. Sin embargo, puede ser un recurso valioso para afrontar la adversidad y fortalecer la resiliencia. La terapia que incorpora la fe puede ser útil para personas que buscan apoyo en su camino hacia la sanación.

Este poder superior no siempre se manifiesta de manera obvia o inmediata. A menudo trabaja en los matices de nuestras vidas, en los momentos sutiles y en las conexiones aparentemente fortuitas que nos permiten expandirnos, evolucionar y aprender. A veces, puede sentirse como si estuviéramos navegando en aguas desconocidas, sin una brújula clara que nos guíe. Pero en realidad, Dios está siempre conspirando a nuestro favor, enviándonos señales y oportunidades para que descubramos nuestro verdadero potencial y propósito en la vida. Estas señales pueden aparecer en forma de pensamientos recurrentes, encuentros fortuitos que nos dejan una enseñanza, sueños inspiradores o esa voz interior que nos susurra la verdad en momentos de incertidumbre.

Esta convicción en un poder más grande no sólo aplica en los momentos de alegría y éxito, sino también en los desafíos y dificultades, confiando en que cada situación está diseñada para enseñarnos algo valioso. A través de esta fe, encontramos consuelo en la incertidumbre y la capacidad de adaptarnos a lo desconocido con mayor calma y serenidad. Esta convicción también significa validar tu capacidad y poder para enfrentar los desafíos de la vida. Comprender que posees las herramientas necesarias para superar obstáculos y efectuar cambios necesarios en tu vida es primordial. Este poder superior te da confianza en que tus sueños y aspiraciones son posibles, no sólo fantasías, implica confiar en el proceso en cultivar la paciencia y mantener la fe en que el universo trabaja a nuestro favor, incluso si los resultados no son inmediatos.

Este viaje me ha mostrado la importancia de la comprensión y la tolerancia, tanto hacia mí misma como hacia los demás. Reconozco que la fe es un viaje en constante evolución, y actualmente estoy buscando una conexión más profunda y auténtica con lo espiritual. La conexión con algo más grande que uno mismo puede ofrecer un profundo sentido de significado y propósito en la vida. Esta conexión no solo aumenta la satisfacción y el bienestar general, sino también fortalece las relaciones personales y mejora la resiliencia ante los desafíos.

Isaías 41:10, *"No temas, porque yo estoy contigo; no te angusties, porque yo soy tu Dios. Te fortaleceré y te ayudaré; te sostendré con mi diestra victoriosa".*

Te comparto algunas preguntas que pueden ayudarte a reflexionar sobre tu espiritualidad, aclarar tus valores y creencias, y explorar cómo tu conexión espiritual puede influir en tu vida y en el proceso en el que estás:

¿Qué importancia tiene la espiritualidad en tu vida?

¿Cómo definirías tu conexión con lo espiritual?

¿Cuáles son los principios o valores espirituales que guían tus acciones?

¿Puedes compartir alguna experiencia espiritual que te haya impactado profundamente?

¿De qué manera influye tu espiritualidad en las decisiones que tomas a diario?

¿Cómo te relacionas con algo más allá de ti mismo/a?

¿Qué actividades o prácticas te ayudan a mantener esa conexión espiritual?

¿Cómo te sientes cuando experimentas momentos de serenidad o trascendencia?	
¿Hay algún aspecto de tu espiritualidad que te gustaría profundizar o explorar más?	
¿Cómo crees que tu espiritualidad puede ser un apoyo en la consecución de tus metas o al enfrentar desafíos en la vida?	

Por último, te comparto algunos ejercicios que podrían ayudarte a cultivar y aumentar tu fe y espiritualidad:

1. **Busca momentos para reflexionar en calma y conectar contigo o con lo divino.** Ya sea meditando en silencio o teniendo momentos de oración, estos instantes pueden ser puertas hacia una mayor conexión espiritual.

2. **Explora textos inspiradores, filosofías o enseñanzas que resuenen contigo, permitiendo que la reflexión en estas lecturas nutra tu crecimiento personal y espiritual.** Por ejemplo, podrías seguir a Joel Osteen en su canal de YouTube; sus prédicas inspiradoras no se limitan a una sola religión *(Osteen, J, 2023).* Además, te sugiero explorar la filosofía estoica y el budismo. Pueden darte una perspectiva enriquecedora que complementará tus creencias actuales.

3. **Agradece diariamente las bendiciones y experiencias positivas en tu vida, dedicando un tiempo para reconocerlas y valorarlas.** Llevar un diario de gratitud puede ayudarte en este proceso. Te recomiendo leer, *El poder de la gratitud (Marc Reklau , 2023).*

4. **Dedica un espacio especial en tu hogar para la reflexión, meditación o práctica de oración.** Este espacio sagrado puede servir como un recordatorio visual para tu práctica espiritual diaria.

5. **Conecta con la naturaleza.** Pasar tiempo en la naturaleza puede ser una poderosa forma de conectar con lo divino y cultivar tu espiritualidad. Sal a caminar y contempla la belleza del mundo natural a tu alrededor.

6. **Haz servicio voluntario:** Participa en actividades de servicio voluntario o en obras de caridad que estén alineadas con tus valores espirituales. Ayudar a los demás puede ser una poderosa expresión de tu fe y una forma de conectar con lo divino. Te permite poner en práctica tus valores espirituales y ayudar a quienes más lo necesitan, lo cual puede ser una fuente de significado y satisfacción espiritual y personal.

Te invito a mantener la esperanza en un nuevo capítulo de tu vida, lleno de oportunidades de crecimiento personal y conexiones significativas, esto puede ser un gran impulso para superar los momentos difíciles. Abraza tu fortaleza interior y confía en tu capacidad para adaptarte a nuevas situaciones. La creencia en un poder superior puede brindar consuelo y guía, pero también es necesario tomar acciones concretas para avanzar.

EL PODER DEL

Perdón

8
EL PODER DEL PERDÓN

El perdón es el bálsamo que suaviza la herida del alma y la cura.

- PROVERBIO ANÓNIMO

El perdón no es necesariamente el superpoder más rápido y sencillo de manejar, pero requiere un gran coraje, valentía, humildad y compasión para liberarte y avanzar. En el contexto de un divorcio, puede ser aún más desafiante, ya que las emociones están a flor de piel y las heridas siguen abiertas.

A pesar de mi anhelo de perdonar, me encontraba atrapada en un conflicto interno. Carecía de la fuerza emocional, la motivación y, especialmente, la disposición para hacerlo. Me debatía en un mar de incertidumbre sobre cómo podría otorgar o buscar perdón cuando no era yo quien había causado la ruptura en la relación. Esta situación se tornaba aún más complicada, ya que me sentía como una pecadora, arrastrando un peso que no era mío debido a las decisiones y acciones de otra persona.

En mi mente se desataron una serie de interrogantes que me impedían abordar el tema del perdón. Me resistía a enfrentar la posibilidad de perdonar una sucesión de eventos desagradables y premeditados. ¿Cómo podría reconciliar mi deseo de dejar ir el dolor con la falta de responsabilidad en los actos que lo causaron? ¿Era justo sentirme obligada a perdonar cuando no había sido yo quien cometió los errores? Estas cuestiones me envolvían en una niebla de dudas, haciéndome reacia a siquiera considerar la idea del perdón.

Me enfrentaba al desafío de comprender cómo podría ofrecer o pedir perdón por acciones que no eran mías, pero que afectaban profundamente mi vida y bienestar emocional. Sentía la carga de una culpa ajena, como si estuviera parada ante un jurado, siendo juzgada por elecciones que no eran mías. Me encontraba en un callejón sin salida, sumida en el dolor, la incertidumbre y en la incoherencia de los hechos.

Me sentía perdida, sin saber cómo encaminarme hacia la reconciliación y la sanación. El perdón parecía un camino borroso y fuera de alcance en medio de mis luchas internas y la sensación de injusticia que me invadía. En medio de esta turbulencia emocional, reconocía la necesidad de encontrar una manera de liberarme del peso del resentimiento y la carga emocional que llevaba. Sin embargo, enfrentar la realidad de perdonar se me antojaba como un desafío monumental, una montaña imposible de escalar dada la complejidad de la situación y la falta de responsabilidad directa en los hechos que necesitaba perdonar.

"Perdonar no significa olvidar lo que pasó, ni condonar la acción que te hirió. Se trata de dejar ir el resentimiento y la ira que te atan al pasado. Es un acto de liberación que te permite seguir adelante con tu vida" Enright, R. D. (2001).

Dedicaba mucho tiempo a entender cómo podía perdonar una situación así. Incluso en mi falta de conciencia, veía el perdón como una invalidación de mí misma, como si estuviera traicionando mi dignidad y dándole a mi expareja el honor de burlarse de mí. Sin embargo, estaba tan sumergida en el dolor que no reconocía los beneficios potenciales del perdón.

Al certificarme como *coach*, ingresé a un mundo donde las historias humanas se entrelazan, revelando los rincones más íntimos y oscuros de las personas, entre las cuales, yo misma también me incluía. Cada relato compartido me proporcionaba una ventana profunda hacia el corazón humano, permitiéndome comprender la compleja influencia que la infancia ejerce en la construcción de nuestra identidad y en la interpretación que damos a nuestras vivencias. Esta revelación me llevó a sumergirme en una profunda reflexión sobre las acciones que llevamos a cabo de manera inconsciente, acciones cuyo origen y motivación a menudo se ocultan en las profundidades de nuestra historia personal.

Al adentrarme en estas historias, reconocí la inmensa influencia que tienen las experiencias infantiles en la forma en que percibimos el mundo y cómo nos relacionamos con él en la adultez. Comprendí que gran parte de nuestras conductas, creencias y patrones de pensamiento se enraízan en las semillas plantadas durante nuestros primeros años de vida, moldeando nuestra percepción y nuestras respuestas ante las circunstancias actuales. Esta revelación me llevó a explorar las capas más profundas de mi propio ser, a cuestionar mis propias acciones y reacciones ante diversas situaciones. Me di cuenta de que muchas de las cosas que hacemos, a menudo de manera automática, están arraigadas en experiencias pasadas que moldearon nuestras percepciones y respuestas emocionales. Entendí que mi verdad no es absoluta.

Entendí que mi verdad no era absoluta y me di paso a explorar.

Al darme cuenta de que aferrándome al rencor y al dolor sólo prolongaba mi sufrimiento, decidí tomar un camino diferente. Reconocí que perdonar no significa olvidar lo sucedido o validar el comportamiento de la otra persona, sino liberarse de las cadenas emocionales que me ataban al sufrimiento.

Al explorar más profundamente estas conexiones entre las experiencias tempranas y nuestra vida adulta, me sorprendió el poder transformador de la autorreflexión y el perdón en este proceso. Comprendí que el perdón no se trata de justificar lo injustificable, sino de liberar mi corazón de la carga de la amargura y el rencor, permitiéndome avanzar con mayor claridad y ligereza en mi vida.

Este proceso me permitió comprender que el perdón no era un regalo que otorgaba a mi expareja, sino un acto de autocompasión y liberación personal. Al perdonarme a mí misma por cualquier papel que pudiera haber desempeñado en la relación y por las expectativas no cumplidas, encontré la fortaleza para extender ese perdón hacia mi expareja. Al elegir el perdón, no estaba negando las experiencias dolorosas ni minimizando el impacto que habían tenido en mi vida. Más bien, estaba optando por mi propia sanación emocional y liberación personal. Entendí que guardar rencor sólo alimentaba una espiral de sufrimiento continuo que me hundía y me estancaba.

Al quitarme el peso del resentimiento y abrirme al perdón, descubrí una sensación de alivio y paz interior. El perdón no sólo me liberó de la carga emocional, sino que también me permitió sanar y seguir adelante con mayor comprensión, compasión y libertad emocional, mejorando en consecuencia la relación con terceros, incluyendo a mi expareja.

Los beneficios del perdón en un divorcio son notables. Estudios han demostrado que perdonar puede reducir el estrés, la ansiedad y la depresión asociados a este proceso. También promueve una mejor salud emocional y física, aliviando la carga de la ira y el resentimiento. Además, el perdón puede fomentar relaciones más saludables en el futuro, especialmente cuando hay hijos involucrados.

Hay investigaciones que sugieren que el perdón puede mejorar la comunicación y la coexistencia post divorcio. Un estudio de 2019 (Fincham & Beach) encontró que las parejas que perdonaron más a menudo experimentaron una mejor comunicación y una reducción del conflicto. Al reducir el conflicto y la hostilidad, se crea un entorno más propicio para la crianza compartida, lo que es decisivo para el bienestar de los hijos. Además, en términos de salud, se ha demostrado que perdonar está asociado con una menor presión arterial y una mejor calidad de vida. (Toussaint, *et all,* 2022).

Perdonar no fue un acto instantáneo ni fácil. Fue un proceso gradual y reflexivo, en el cual tuve que enfrentar mis propias emociones, comprender mis heridas y aceptarlas plenamente. Aprendí a separar mi bienestar emocional del resentimiento arraigado y a reconocer que el perdón no necesariamente implicaba reconciliarme con la otra persona, sino, sobre todo, soltar la carga emocional que llevaba y lograr una relación diplomática y sólida con mi expareja.

El perdón es un regalo que te haces a ti mismo. A medida que aprendes a liberar el peso de la culpa, la ira y el resentimiento, te abres a un futuro donde la paz y la plenitud pueden florecer. El perdón es una muestra de fuerza y resiliencia, no un signo de debilidad. Te permite sanar heridas, tanto emocionales como físicas, y te brinda la oportunidad de vivir una vida más plena y significativa.

Al mirar hacia adelante, recuerda que el perdón no es un proceso rápido ni sencillo, pero sus beneficios son invaluables. Recuerda que perdonar no implica reconciliarte forzosamente con tu pareja, pero puede ayudarte a encontrar la calma en medio de la tormenta y a construir puentes hacia el entendimiento y la armonía. Aprovecha el poder del perdón para sanar, para crecer y para transformarte en la mejor versión de ti mismo.

No se puede perdonar sin sanar primero las heridas del alma. Cuando nos permitimos sentir plenamente, creamos un espacio para comprender el origen de nuestras emociones y emprendemos un proceso de autoconocimiento más profundo, liberador y sanador.

BENEFICIOS DEL PERDÓN

Reduce el estrés y la ansiedad.

Mejora la salud mental y física.

Fortalece las relaciones.

Promueve la paz interior y el bienestar.

Te da nuevas posibilidades.

Muy importante, elige tu paz.

Elegir la paz es una de las razones más poderosas para perdonar. Cuando optamos por perdonar, estamos tomando el control de nuestras emociones y liberándonos de la carga emocional que llevamos. El perdón nos permite dejar atrás el resentimiento, la ira y el dolor que pueden consumir nuestra mente y nuestro corazón.

La búsqueda de la paz y la toma de decisiones responsables en mi proceso de divorcio me enseñaron una lección valiosa: **la paz no es sólo un destino, es un camino.** Optando por la reflexión, el diálogo y la gestión emocional, descubrí que la paz reside en nuestras elecciones diarias. Siempre que tomemos decisiones alineadas con nuestros valores y respetando la dignidad propia y de los demás, estaremos en el camino hacia una vida más tranquila y equilibrada. Aunque la otra persona no actúe de la misma manera, persiste y no te rindas. Es preferible saber que actuaste con integridad a ser parte de una situación conflictiva que sólo provoca sentimientos de culpa. Con el tiempo, las cosas encontrarán su cauce natural y sentirás el corazón pleno, sabiendo que actuaste con rectitud a pesar de las adversidades.

El perdón es una decisión consciente y personal. Implica elegir liberarse emocionalmente de sentimientos negativos como el resentimiento, la ira o el rencor hacia alguien que nos ha lastimado. Es una elección activa que involucra dejar de lado el deseo de venganza o el aferrarse a los sentimientos de dolor y, en cambio, optar por seguir adelante sin llevar el peso emocional del pasado. Tomar la decisión de perdonar requiere tiempo, reflexión y trabajo emocional, pero puede ser profundamente transformador para quien lo hace, permitiéndole la posibilidad de encontrar un mayor bienestar emocional y una mayor calidad de vida.

INDAGACIÓN / REFLEXIÓN

Encuentra un lugar tranquilo donde puedas reflexionar sin distracciones. Toma algunas respiraciones profundas para relajarte y centrarte en el momento presente. Piensa en la situación o la persona que te ha causado dolor. Recuerda los detalles y las emociones asociadas. Permítete sentir las emociones asociadas con esa situación. Reconoce y acepta cómo te sientes al respecto. Trata de entender la perspectiva de la otra persona. ¿Qué podría haber estado pasando en su vida en ese momento? ¿Hay factores externos que podrían haber influido en sus acciones? Haz una pausa y reflexiona sobre cómo esta situación ha afectado tu vida. ¿Cómo te ha cambiado? ¿Qué impacto ha tenido en tu bienestar emocional? Ahora, pregúntate si estás listo para liberarte de la carga emocional que conlleva este rencor o dolor. ¿Estás dispuesto a perdonar y dejar ir este peso? ¿Cuál es el costo de no dejarlo ir? ¿Cambiaría la situación si no perdonas?

1. CREA UN ESPACIO PARA REFLEXIONAR

Preguntas para reflexionar:

- ¿Qué aspectos del matrimonio o divorcio te resultaron más difíciles de aceptar?

- ¿Qué emociones te genera esta experiencia?

- ¿Cómo han influido estos eventos en tus pensamientos y acciones actuales?

- ¿Qué valores personales están en juego para ti aquí?

- ¿Cómo tus acciones se alinean con tus valores más profundos?

- ¿Qué importancia le das al proceso de perdonar, considerando tus creencias y valores?

- ¿Qué pasos puedes tomar para avanzar hacia el perdón?

- ¿Qué estrategias te ayudarían a manejar tus emociones y facilitar el proceso de perdón?

- ¿Cómo puedes usar esta experiencia para crecer y aprender más sobre ti mismo/a y tus relaciones futuras?

Estas preguntas son sólo una guía para explorar sobre tus emociones y pensamientos respecto al perdón. Recuerda que el perdón es un proceso y una decisión. No hay un enfoque único que funcione para todos. Tómate tu tiempo y sé amable contigo mientras avanzas en este proceso.

2. PRACTICA EL HO'OPONONO

Otra herramienta de mucha ayuda que utilicé en mi proceso fue el **Ho'oponopono.** La descubrí leyendo contenido de *Joe Vitaley Mabel Katz.* Se trata de una práctica hawaiana de reconciliación y perdón que se centra en sanar y liberar emociones negativas. Se basa en la idea de que asumimos cierta responsabilidad por lo que sucede a nuestro alrededor y que la sanación comienza desde dentro. El proceso de Ho'oponopono implica la repetición de cuatro frases clave que son:

"Lo siento"
"Por favor, perdóname"
"Gracias"
"Te amo"

Según Mabel Katz, significan:

Lo siento: esta frase implica asumir la responsabilidad personal por lo que se manifiesta en la realidad y reconocer que uno tiene una parte en la creación de la situación problemática.

Por favor, perdóname: Es un pedido de perdón al universo, a la divinidad, por haber contribuido con pensamientos y creencias negativas que hayan generado el problema.

Gracias: Significa agradecer a la divinidad por la oportunidad de liberar y limpiar lo que haya contribuido al problema.

Te amo: Es una expresión de amor hacia uno mismo y hacia la divinidad, reconociendo que el amor es la fuerza más poderosa para transformar las dificultades y encontrar la sanación.

Aquí hay una manera práctica de aplicar el Ho'oponopono:

1. Busca un lugar tranquilo donde puedas estar en paz durante unos minutos.

2. Cierra los ojos y respira profundamente, toma algunas respiraciones profundas y concéntrate en tu respiración para relajarte.

3. Repite las cuatro frases: En tu mente o en voz baja, repite las frases:

"Lo siento; por favor, perdóname; gracias; te amo".

4. Puedes decir las frases en el orden que te sientas más cómodo. *(Busca guías de Ho'oponopono en YouTube).*

5. Visualiza la situación o a la persona involucrada. Mientras repites las frases, imagina que envías amor y perdón hacia esa situación o persona.

6. Continúa repitiendo las frases durante unos minutos, permitiendo que la energía del perdón y la compasión fluya a través de ti.

El Ho'oponopono se trata de liberar y sanar a través del perdón y el amor, no sólo hacia los demás, sino también hacia uno mismo. Puede ser una herramienta poderosa para transformar las emociones negativas y liberar la carga emocional que llevamos. Repite la mayor cantidad de veces posibles incluso en tu mente de manera silenciosa durante el día.

Aquí tienes algunos ejercicios adicionales para practicar.

3. REDACTA UNA CARTA DE PERDÓN

Escribe una carta dirigida a la persona que necesitas perdonar. Expresa tus sentimientos, incluyendo el dolor que te causaron y tu deseo de liberarte del resentimiento. Al final de la carta, declara tu intención de perdonar y libera cualquier carga emocional negativa asociada con la situación. Esta carta puede estar dirigida a todas las personas que consideres, incluso a ti mismo.

4. USA RECURSOS DE VISUALIZACIONES GUIADA

Cierra los ojos y visualiza a la persona que necesitas perdonar frente a ti. Imagina que estás liberando cualquier resentimiento o amargura que puedas sentir hacia ellos. Visualiza cómo te sientes más ligero y en paz a medida que dejas ir esos sentimientos negativos.

5. PRACTICA LA EMPATÍA

Ponte en el lugar de la otra persona y trata de entender sus acciones desde su perspectiva. Reflexiona sobre las circunstancias que podrían haber contribuido a su comportamiento y cómo podrías haber reaccionado en su lugar. Esto puede ayudarte a desarrollar comprensión y compasión hacia ellos.

6. RITUALES DE LIBERACIÓN

Crea un ritual simbólico para representar tu proceso de perdón. Puede ser encender una vela y dejar ir tus resentimientos mientras observas cómo se consume la llama, o escribir tus sentimientos en un papel y luego quemarlo para simbolizar tu liberación emocional.

7. PRACTICA EL AUTOPERDON

Reconoce cualquier culpa o autocrítica que puedas tener hacia ti en relación con la situación. Escribe una lista de tus propios errores o acciones que te gustaría perdonar. Luego, date permiso para liberarte de esos sentimientos negativos y comprométete a tratarte con compasión y amor propio en el futuro.

8. CULTIVA LA GRATITUD

Haz una lista de todas las lecciones aprendidas y los aspectos positivos que has ganado de la experiencia que necesitas perdonar. Agradece por tu capacidad para crecer y aprender a través del perdón.

Estos ejercicios pueden ayudar a promover el proceso de perdón, pero es importante recordar que cada persona es única y puede responder de manera diferente a diferentes enfoques. Es útil adaptar los ejercicios a las necesidades individuales y buscar el apoyo de un coach o profesional si es necesario.

EL PODER DE

La coparentalidad

9
EL PODER DE LA COPARENTALIDAD

Copaternidad. No es una competencia entre dos hogares. Es una colaboración de los padres que hacen lo mejor para sus hijos.

—HEATHER HETCHLER

Tras presenciar el desmoronamiento de mi familia por un divorcio durante mi infancia, prometí hacer todo lo posible para evitar que mi hijo viviera ese mismo dolor. Fue necesario reconocer y aceptar que la relación de pareja había cumplido su propósito en mi vida y que era momento de despedirnos, dando paso a una nueva manera de relacionarnos por el bienestar de nuestro hijo.

Decidí priorizar mi rol de madre sobre mi ego, aunque admito que fue un desafío y que, a pesar de tenerlo claro, en el día a día no siempre lo lograba. Me llevó mucho tiempo aprender a lidiar con las constantes emociones que surgieron después de la separación. Sabía que dependía de mí mitigar las consecuencias de mis decisiones en mi hijo; sin embargo, incluso en ese punto, todavía sentía una gran culpa y resentimiento que me llevaban a sobreproteger a mi hijo y a mí misma en ciertas situaciones.

El deseo de mantener una relación saludable y estable fue una convicción clara para mí. Comprendí que, si el padre no estaba presente en la vida de mi hijo, eso no debía ser consecuencia de mis decisiones. Opté por separar mi propio sufrimiento y resentimiento de la importancia de mantener momentos felices para mi hijo, preservando su alegría y recuerdos positivos, independientemente de la situación entre su padre y yo. Reconocí que mis acciones no debían dictarse por la infidelidad de mi expareja, sino por mi deseo de brindarle a mi hijo un ambiente amoroso y estable, sin importar los desafíos emocionales que yo misma estaba enfrentando.

¿Fácil? Definitivamente No, pero no por eso es imposible.

Luego de trabajar sobre mis metas de crianza compartida, comencé a adentrarme en la reflexión sobre mis reacciones, explorando las motivaciones detrás de cada una de ellas. Me propuse analizar si esas respuestas estaban alineadas con mi meta de cultivar una relación sana en beneficio de mi hijo. Hice las paces con el hecho de que tenía que ser perfecto de buenas a primeras, y que esto sería un camino lleno de altibajos, un proceso de aprendizaje continuo. Supe que tenía que establecer límites y metas claras, y revisar constantemente mis acciones para medir mi progreso. Era un cúmulo de sentimientos encontrados al ver que a veces avanzaba y de repente sentía que había retrocedido todo lo que había logrado. Era frustrante y agotador no ver progreso pese al esfuerzo que hacía, hasta que un día decidí soltar. Al liberarme de la necesidad de controlar mi progreso las cosas empezaron a fluir. Entendí que forzar las cosas no sería la vía adecuada en ese momento para mi. Bajé toda expectativa de la relación y dejé de cuestionar y medir las acciones de mi expareja. Sin darme cuenta, con el tiempo pude apreciar todos los avances que había logrado. Acepté que las cosas no siempre iban a avanzar de la manera que yo planeaba y que intentar forzarlas solo causaba más resistencia. Aprendí que soltar el control no significaba renunciar al progreso, sino permitir que este se produjera de manera más orgánica y armoniosa. Aprendí a crear un diálogo basado en la empatía y a ser coherente con aquello que quería lograr. Una relación sana y diplomática.

En medio de una separación o divorcio, los padres tenemos la responsabilidad compartida de criar a nuestros hijos. Esto significa mantener una comunicación abierta y respetuosa, colaborar en la toma de decisiones relacionadas con la crianza y trabajar juntos para crear un ambiente de estabilidad y seguridad emocional para los niños. Tomar responsabilidad como padres es un deber inquebrantable. Es una demostración de amor y compromiso hacia el bienestar integral de los hijos, que requiere de dedicación y esfuerzo constante por parte de ambos padres, independientemente de la situación en la que se encuentren.

Tomar la responsabilidad de trabajar sobre tus metas de crianza compartida, te dará claridad sobre tus objetivos y tomar las medidas necesarias para alcanzarlos. También es importantísimo buscar la ayuda necesaria para que los hijos no se vean envueltos en las malas decisiones y acciones de los padres. En mi caso, a pesar de tener esa meta clara, a veces me vi superada por el resentimiento y reaccionaba de formas que no contribuían a ese objetivo, pero el simple hecho de hacer consciente aquello que no quería que pasara, me ayudaba a rectificar mis acciones en situaciones posteriores.

Este proceso lleva tiempo y paciencia. Llegará un momento en el que la relación fluya de manera natural y flexible, sin necesidad de estructuras rígidas. Sin embargo, mientras se transita por el proceso de sanación y adaptación a la nueva dinámica, establecer estos acuerdos y seguirlos de manera consistente será clave para el desarrollo de una relación parental más armoniosa a largo plazo.

Enfocarse en buscar culpables solo obstaculiza el proceso, sin garantizar resultados positivos. En cambio, si confías en el proceso y dejas ir el dolor que te retiene, con el tiempo, la esperanza se renovará gradualmente y descubrirás tu propia fuerza y resiliencia. Si te encuentras en una situación similar, confía en que hay luz al final del túnel. Permítete el tiempo necesario para sanar y busca apoyo en quienes te rodean; notarás cómo la paz interior comienza a arraigar en tu vida.

El término "copaternidad" se utiliza comúnmente para referirse al concepto de crianza compartida entre ambos padres. En este contexto, implica la colaboración de ambos progenitores en la crianza y educación de los hijos, independientemente de su estado civil o situación personal.

Establecer horarios definidos para visitas, llamadas y permitir el acceso directo de los hijos a su otro progenitor son pasos indispensables. En un comienzo, esta estructura puede sentirse como una imposición y ser temporal. Sin embargo, a medida que ambos padres sanan y aceptan la situación, estas restricciones tienden a suavizarse naturalmente y tomarán un curso más flexible.

El compromiso mutuo de cumplir con los acuerdos pactados serán claves para reducir al mínimo el sufrimiento de nuestros hijos en medio de esta dinámica.

Lamentablemente hay padres que con la excusa del divorcio, justifican descuidar sus responsabilidades parentales. Esto es una triste realidad que afecta directamente a los hijos. Es fundamental que reflexionemos sobre nuestras acciones, ya que un hijo conlleva una responsabilidad tanto en un matrimonio intacto, como en una situación de separación o divorcio. La crianza compartida no es una carga que desaparece en ninguna circunstancia; al contrario, es un deber y una obligación hacia nuestros hijos. Esto implica no solo proveerles necesidades materiales, salud y educación, sino también garantizar su bienestar emocional.

Cuando decidimos ser padres, asumimos una responsabilidad compartida y continua con el bienestar de nuestros hijos. Incluso si nuestra relación de pareja se vuelve complicada o llega a su fin, esta responsabilidad persiste. Separar las dinámicas de la relación de pareja de la relación de crianza compartida puede ayudar a que los niños reciban el apoyo emocional, la estabilidad y el amor que merecen.

Si eres padre o madre, ten en cuenta que el dolor que experimentas no solo te afecta a ti, sino también a tus hijos. La expresión constante de quejas o resentimientos no favorece su bienestar emocional; por el contrario, puede afectarlos significativamente. Es nuestra responsabilidad proporcionarles estabilidad, amor y un ambiente seguro en el que puedan desarrollarse, que mami y papi estarán ahí para ellos a pesar de la separación, que se les ama genuinamente y que ambos padres están abiertos para apoyar en el proceso de duelo y transición. La manera en que enfrentemos esta situación influirá en cómo ellos aprendan a enfrentar los desafíos en el futuro y en cómo se miren a sí mismos.

Hoy considero que, si no me hubiera comprometido a mantener este espacio de comunicación y colaboración, es muy probable que la historia de mi hijo y la mía hubiera tomado un rumbo diferente. El proceso de separación o divorcio es emocionalmente abrumador, pero es preciso reconocer que lo que ocurre en nuestra relación de pareja no debe reflejarse en nuestra relación como padres.

Toma decisiones conscientes, priorizando tu bienestar y el de tus hijos, si los tienes."

Al mantener un canal de comunicación efectivo con nuestra expareja, podemos trabajar juntos para crear un ambiente estable y amoroso para nuestros hijos. Esto requiere un esfuerzo consciente, pero los beneficios para el bienestar emocional de nuestros hijos y para nosotros mismos son incalculables. Invertir en una relación de crianza compartida armoniosa y saludable, será un pilar de estabilidad emocional para nuestros hijos, si no logran llegar acuerdos por su propia cuenta, busquen un intermediario imparcial que les pueda colaborar. Es importante recordar que con el tiempo, cuando pase el rencor, el resentimiento y todas las emociones que son parte del procesos que abarcan una separación, las aguas bajarán y la comunicación y la colaboración pueden mejorar si se lo proponen. Llegar a acuerdos objetivos y cumplirlos es elemental para el bienestar de todos los involucrados. Ten paciencia.

Evita ciertas conductas perjudiciales para proteger su bienestar emocional. Identifica qué comportamientos están en tu dinámica hoy y reflexiona.

ALGUNOS COMPORTAMIENTOS A EVITAR SON:

- **Hablar mal del otro progenitor frente a los hijos:** Evita criticar o desacreditar al otro padre/madre delante de los niños, ya que esto puede generar confusión y angustia.

- **Utilizar a los hijos como intermediarios:** Evita comunicarte con tu expareja a través de los niños.

- **Involucrar a los hijos en disputas legales:** Protege a tus hijos de conflictos legales. Evita discutir detalles legales frente a ellos o utilizarlos como herramienta en disputas judiciales.

- **Restringir el tiempo de convivencia sin razón válida:** No limites el tiempo que los hijos pasan con el otro progenitor sin una razón justificada. Es importante fomentar una relación sana entre ellos.

- **Usar a los hijos como venganza o control:** Evita manipular emocionalmente a los niños para obtener beneficios personales o vengarte de tu ex.

- **Competir por el afecto de los hijos:** No compitas por la atención o el cariño de los hijos. Asegúrate de fomentar un entorno amoroso y seguro para ellos.

- **Presentar nuevas parejas apresuradamente:** Evita introducir nuevas parejas en la vida de los hijos demasiado rápido. Dales tiempo para adaptarse a los cambios.

- **Hacer promesas que no puedas cumplir:** Evita hacer promesas vacías a tus hijos. Mantén la confianza cumpliendo lo que les prometes.

- **Presionar a los hijos para que tomen partido:** No obligues a los niños a elegir entre sus padres. Permíteles que se sientan libres de mantener una relación saludable con ambos.

- **Darles la carga de ser un apoyo emocional:** Evita compartir con tus hijos tus problemas emocionales o convertirlos en tu fuente principal de apoyo.

- ✷ **No escuchar a tus hijos ni brindarles un espacio seguro para expresar sus emociones:** Asegúrate de escuchar activamente a tus hijos y proporcionarles un ambiente donde se sientan cómodos compartiendo sus sentimientos y preocupaciones.

- ✷ **Carecer de rutinas y ambientes estables:** Procura establecer rutinas y entornos estables para tus hijos, lo que les brindará seguridad y estabilidad emocional.

- ✷ **No abrazarlos ni expresarles afecto:** No escatimes en demostrar afecto físico y emocional a tus hijos. El contacto físico y las expresiones de cariño son determinantes para su bienestar emocional.

Pensar exclusivamente en tus necesidades es un grave error para la salud emocional de tus hijos. Recuerda que tus hijos no son culpables del divorcio. Procura ser consciente de que ellos merecen tu amor, respeto y validación, incluso cuando sientas que te falta la energía para dárselos. Enfócate en su bienestar emocional y en buscar apoyo emocional. Si tu ex y tú no logran llegar a acuerdos, considera la ayuda profesional como mediación para facilitar la comunicación mientras las tensiones se reducen. Este proceso no es un juego; el bienestar emocional de tus seres queridos, así como el tuyo, depende de su correcta gestión.

Para lograr una crianza conjunta saludable, es importante reflexionar sobre diversos aspectos de tu situación. A continuación, te dejo algunas preguntas que te ayudarán a evaluar y mejorar tu enfoque en la crianza compartida:

¿Estás priorizando el bienestar de tus hijos por encima de tus propios sentimientos y ego?	
¿Tienes la disposición de comunicarte de manera efectiva con tu expareja?	
¿Te comprometes a escuchar con empatía?	
¿Te comprometes a ser flexible con la planificación logística de tus hijos?	
¿Cómo gestionas tus emociones en situaciones de conflicto o desacuerdo con tu expareja?	
¿Resuelven conflictos de manera pacífica y buscan soluciones en conjunto?	

¿Estás involucrando a tus hijos en los conflictos entre tú y tu expareja?	
¿Estás manteniendo expectativas realistas en cuanto a la relación con tu expareja?	
¿Estás enfocándote en lo que es mejor para tus hijos a largo plazo, en lugar de en las disputas momentáneas con tu expareja?	
¿Te estás involucrando en las necesidades de tus hijos? ¿Haces parte a tu expareja?	
¿Estás pendiente del bienestar de tus hijos en el día a día?	
¿Qué acciones estás tomando para garantizar el bienestar emocional de tus hijos durante esta transición?	

¿Estás comunicándote de manera efectiva con tu expareja para coordinar y colaborar en la crianza de tus hijos?	
¿Estás brindando un ambiente estable y seguro para tus hijos en ambos hogares?	
¿Estás siendo consciente de las necesidades individuales de cada hijo y respondiendo adecuadamente a ellas?	
¿Estás promoviendo la continuidad de las rutinas y estructuras familiares para tus hijos?	
¿Estás fomentando una relación positiva entre tus hijos y tu expareja, independientemente de los desafíos personales?	
¿Estás buscando apoyo profesional o recursos adicionales para ayudarte a abordar los desafíos específicos de la crianza compartida después de la separación?	

Estas preguntas te ayudarán a evaluar tu enfoque en la crianza compartida y a identificar áreas de mejora. Una crianza compartida saludable requiere esfuerzo y compromiso, pero beneficia tanto a tus hijos como a ti. Reflexiona sobre cómo manejas tus emociones y busca maneras de mejorar tu respuesta en momentos complicados. Pregúntate si tus acciones actuales te acercan a una relación diplomática con tu expareja. En ocasiones, buscar ayuda externa para resolver conflictos o mejorar la comunicación puede ser beneficioso. Recuerda que es imperativo aceptar que la relación no será como cuando estaban juntos y mantener expectativas realistas, evitando usar a tus hijos como intermediarios en disputas.

Recuerda que las metas de crianza respetuosa después de un divorcio son determinantes para brindar estabilidad emocional a los hijos en medio de la transición familiar. Estas metas no solo promueven la estabilidad emocional de los hijos, sino que también fomentan la comunicación efectiva entre los padres, lo que es esencial para una coparentalidad exitosa.

HAGAMOS UN EJERCICIO

Para facilitar este proceso, te animo a que definas tus propias metas de crianza compartida y elabores un plan de acción para alcanzarlas. Aquí tienes una lista de situaciones comunes en el contexto del divorcio, junto con ejemplos de algunas metas y sus acciones correspondientes, para que te sirvan de guía al crear las tuyas.

SITUACIÓN	META A PROPONER	ACCIONES PARA LOGRARLO
Enfocarse en lo que está fuera de control	**Dejar de lado lo que no puedes controlar**	1. Enfócate en lo que depende de ti. 2. Practicar técnicas de gestión del estrés y el mindfulness para desarrollar la capacidad de aceptación y enfoque en el presente. 3. Buscar apoyo en terapia o grupos de apoyo si es necesario.
Comunicación difícil con la expareja	**Establecer una comunicación efectiva y respetuosa.**	1. Practicar la escucha activa durante las conversaciones. 2. Utilizar un lenguaje claro y asertivo. 3. Evitar confrontaciones y mantener un tono neutral.
Dificultad para llegar a acuerdos sobre la crianza	**Crear un plan de crianza compartida equitativo.**	1. Sentarse con la expareja para discutir las necesidades de los hijos. 2. Buscar compromisos y soluciones que beneficien a ambas partes. 3. Documentar el acuerdo por escrito para mayor claridad y compromiso.

Falta de consistencia en el cumplimiento de responsabilidades	**Establecer rutinas y límites claros para los hijos.**	1. Crear un horario de visitas regular y predecible. 2. Definir reglas y expectativas claras para ambas casas. 3. Trabajar en conjunto para mantener la coherencia en la crianza.
Conflictos emocionales con los hijos debido al divorcio	**Promover un ambiente de apoyo emocional y comprensión.**	1. Fomentar un espacio abierto para que los hijos expresen sus sentimientos. 2. Buscar ayuda profesional para los hijos si es necesario. 3. Brindar amor incondicional y reafirmar el vínculo afectivo con los hijos.
Sentimientos de culpa o resentimiento hacia la expareja	**Trabajar en el perdón y la aceptación.**	1. Practicar la empatía y tratar de entender la perspectiva de la expareja. 2. Participar en actividades de autocuidado y terapia para procesar emociones negativas. 3. Practicar el perdón, tanto hacia la expareja como hacia uno mismo.

Dificultad para coordinar actividades y eventos importantes	**Mejorar la coordinación y planificación familiar.**	1. Utilizar calendarios compartidos en línea para programar eventos y citas. 2. Establecer reuniones periódicas para discutir y planificar las actividades de los hijos. 3. Designar roles y responsabilidades claras para cada padre en la organización de eventos familiares.
Falta de apoyo social y emocional durante el proceso de divorcio	**Construir una red de apoyo sólida.**	1. Buscar grupos de apoyo para padres divorciados en línea o en la comunidad. 2. Mantenerse en contacto con amigos y familiares de confianza que brinden apoyo emocional. 3. Considerar la terapia individual o de grupo para procesar los desafíos emocionales del divorcio.
Dificultad para mantener la coherencia en la disciplina entre los padres	**Establecer un enfoque disciplinario conjunto.**	1. Tener conversaciones abiertas y honestas sobre la disciplina y las reglas del hogar. 2. Acordar un conjunto de reglas y consecuencias consistentes para ambos padres. 3. Mantener una comunicación regular sobre el comportamiento y las consecuencias disciplinarias de los hijos.

Incertidumbre sobre cómo hablar con los hijos sobre el divorcio	**Facilitar una conversación honesta y comprensiva.**	1. Preparar el terreno para la conversación asegurándose de que los hijos se sientan seguros y escuchados. 2. Utilizar un lenguaje claro y edificante para explicar la situación del divorcio. Estar disponibles para responder preguntas y ofrecer consuelo y apoyo emocional a los hijos.
Desafíos financieros después del divorcio	**Establecer un plan financiero conjunto para la crianza de los hijos.**	1. Revisar detalladamente las necesidades financieras de los hijos, incluidos gastos escolares, médicos y de ocio. 2. Crear un presupuesto compartido que aborde las necesidades de los hijos y las responsabilidades financieras de ambos padres. 3. Explorar opciones como cuentas de ahorro conjuntas o acuerdos de contribución financiera equitativa para garantizar el bienestar económico de los hijos.

Ahora, define tus metas de crianza compartida:

SITUACIÓN	META A PROPONER	ACCIONES PARA LOGRARLO

Al establecer metas claras relacionadas con el cuidado, la educación y el desarrollo de los hijos, los padres pueden mantener su enfoque en ellos y sacar del foco la relación personal de cada uno. Trabajar en conjunto para alcanzar estas metas compartidas fortalece la capacidad de colaboración y cooperación, lo que a su vez mejora la calidad de la relación posdivorcio. Estas metas también contribuyen a establecer límites y expectativas claras, lo que ayuda a mantener la consistencia y la coherencia en la crianza.

Si en algún momento una de las partes no puede cumplir con lo acordado, es importante comunicárselo a la otra parte y encontrar soluciones juntos.

Ahora, te sugiero que elabores una lista sobre las necesidades de tus hijos. Considera las necesidades emocionales, físicas y sociales incluyendo aspectos como seguridad, afecto, educación, salud y actividades recreativas. Luego tendrás una conversación con ellos para validar estas necesidades.

Es crucial validar las necesidades de tus hijos y no imponer las propias, ya que esto sólo dificultará el proceso. No te olvides de dedicar tiempo para hablar con tus hijos de manera abierta y comprensiva. Escúchalos atentamente mientras comparten sus pensamientos, sentimientos y preocupaciones contigo. Asegúrate de hacerles sentir que sus opiniones son valoradas y respetadas y que estarán seguros a pesar de la situación.

Elabora una lista de las posibles necesidades de tus hijos.

¿QUÉ NECESITAN TUS HIJOS?	¿QUÉ RECIBEN HOY?	ACCIONES PARA DARLES LO QUE NECESITAN

Una vez que hayas identificado las necesidades de tus hijos, comparte esta lista con tu expareja de manera clara y honesta. Explícale la importancia de abordar estas necesidades de manera conjunta y colaborativa en beneficio de los hijos. Trabajen juntos para llegar a acuerdos que satisfagan las necesidades identificadas. Si tus hijos son muy pequeños, haz la lista con tu expareja para que ambos puedan ser parte de la misma y hacerse responsable de los acuerdos.

Dale la oportunidad a tu expareja de opinar y hacer contrapropuestas, lo importante es que ambos estén dispuestos a comprometerse para encontrar soluciones que beneficien a sus hijos. Si encuentran dificultades para llegar a acuerdos o gestionar el proceso de manera efectiva, consideren buscar ayuda profesional. Un terapeuta familiar o mediador puede ofrecerles herramientas y orientación para abordar las necesidades de sus hijos de manera constructiva y colaborativa. Una coparentalidad efectiva beneficia enormemente a los hijos, proporcionándoles estabilidad emocional, seguridad y amor de ambas figuras parentales. Además, enseña a los hijos sobre resolución de conflictos, relaciones saludables y cooperación, creando bases sólidas para su futuro crecimiento y desarrollo.

NOTA:

Cada mañana, tomate un momento para reflexionar y establecer una intención clara que guíe tus acciones durante el día. Esta práctica te ayudará a mantener el enfoque en lo que es verdaderamente importante para ti y tus seres queridos.

Por ejemplo:

"Hoy elijo la paz en lugar de la discordia"

"Hoy resuelvo los conflictos de manera constructiva"

"Mi principal prioridad hoy son mis hijos y yo"

EL PODER DE

Amarte y elevarte

10
EL PODER DE AMARTE Y ELEVARTE

Amarse a sí mismo es el comienzo de una aventura que dura toda la vida.

—OSCAR WILD

El amor propio no es arrogancia, es saber que eres digno de amor.

—BRENÉ BROWN

Todos tenemos la capacidad de superar el divorcio, elevarnos por encima de las circunstancias y construir una nueva vida aprendiendo de la experiencia en lugar de sumergirnos en el fracaso.

En mi proceso me vi inmersa en un camino lleno de contradicciones y sentimientos encontrados. Por un lado, contándome una historia llena de posibilidades y positivismo, pero, por otro lado, actuaba, en muchos casos, de una manera completamente diferente. Aunque repetía constantemente cuánto valía y todo lo "bueno" que merecía, no me daba cuenta de que me estaba colocando a mí misma en una situación que no reflejaba lo que decía merecer. Me encontraba frente a decisiones desafortunadas, impulsadas por miedos que apenas si reconocía, y me hallaba en situaciones de carencia debido a mi deseo de que otros llenaran los vacíos que yo misma no sabía cómo colmar.

Mis acciones me alejaban de empoderarme y, en muchos casos, incluso comprometían mi propia dignidad. Darme cuenta de lo que estaba provocando mi falta de amor propio, fue revelador. Este proceso no es una tarea fácil; aunque siempre anhelé alcanzar la mejor versión de mí misma, a menudo me encontraba careciendo del equilibrio emocional necesario para lograrlo plenamente. Sin embargo, en el presente momento, he llegado a reconocer de manera consciente mis capacidades y potencialidades. Este reconocimiento me ha permitido adoptar una perspectiva renovada, una que abandona la búsqueda de la perfección y se enfoca en aceptar quién soy en su totalidad, con todas mis virtudes y debilidades.

Durante mucho tiempo me sentí insatisfecha con mi apariencia física, luchaba por encontrar el atuendo perfecto y el salón de belleza ideal. Inconscientemente, pasaba mi vida tratando de ser esa mujer que, en el fondo, no era. Esta situación me llevó a vivir muchos años en un estado constante de frustración e insatisfacción conmigo misma. Mi falta de autoaceptación y amor propio me impidieron reconocer mi verdadero valor durante muchos años. La incapacidad para verme con claridad y aceptarme por quien soy me llevó a decir "sí" a todo y descuidar mis propias necesidades.

Mientras que en el ámbito profesional adoptaba una postura firme, en mi vida personal me enfrentaba a la inseguridad, cediendo ante las opiniones de los demás y dudando de mis propias convicciones. El sentimiento de "falta algo" persistía. Me culpaba por cosas que no había hecho yo, me encontraba atrapada en la duda y necesitaba validación externa para avanzar y ser persistente en mis objetivos.

Sin embargo, a través de terapias, coaching y un arduo trabajo de sanación personal, empecé a comprender que vivir de esta manera me impedía alcanzar mi verdadero potencial y valor. Darme cuenta de cómo había descuidado mi dignidad fue doloroso, pero poco a poco aprendí a soltar, agradecer y comprometerme con mi proceso de aceptación y amor propio, reconociendo tanto mis virtudes como mis debilidades.

Ahora, simplemente me dedico a abrazar mi autenticidad, comprendiendo que mis fortalezas y debilidades son partes inseparables de mi identidad. A través de un constante proceso de reflexión, me esfuerzo por aceptar, reconocer y valorar cada etapa de mi desarrollo, sin importar en qué punto del camino me encuentre. Este enfoque me brinda la libertad de crecer y evolucionar de manera genuina, sin la presión de cumplir con expectativas irreales.

Cambiar mi enfoque fue maravilloso: comencé a apreciar mis logros y lo que tenía en lugar de lamentarme por lo que me faltaba. Entendí que si no me daba a mí misma el lugar que merecía, nadie más lo haría.

Poco a poco fui construyendo las bases que necesitaba para aumentar mi autoestima y lograr un equilibrio y bienestar emocional. Comencé a empoderarme, a sentirme más capaz y a tomar con acierto mis propias decisiones, sin necesidad de aprobaciones externas. Aprendí a confiar en mí misma. Me dí la oportunidad de tomar riesgos, pero también de decir que "NO", cuando era necesario, sin temor a ser rechazada. Ahora soy más tolerante conmigo y con los otros, siendo capaz de elegir cómo abordar las críticas y juicios ajenos. Me permito errar, fracasar y reconocer que resulta imposible complacer a todos a mi alrededor, procuro poner límites y darme los espacios necesarios para volver a iniciar. Soy consciente de mis áreas de oportunidad y, aun así, continúo en el proceso de explorar y descubrir más de mí misma y de quienes me rodean. Sigo aprendiendo a cuidarme, a anteponerme y a recordar lo valiosa que soy, lo que me lleva incluso a admirar a quienes me rodean por quienes son.

Es cierto que trabajar en la autoestima lleva tiempo y esfuerzo, pero te aseguro que vale la pena. La autoestima debe convertirse en un estilo de vida y no en un trabajo intermitente.

¿Cómo se puede lograr este poder?

El inicio de una conexión más profunda comienza con la decisión de cultivar el amor propio. Es un compromiso para iniciar cambios significativos en la forma en que te percibes, cómo te relacionas contigo mismo y cómo interactúas con el mundo que te rodea. Implica cambiar tus pensamientos sobre ti mismo y cómo te tratas. Ser consciente de que tus pensamientos influyen en tus emociones, y a su vez, tus emociones influyen en tus acciones. Por lo tanto, al cambiar tu percepción de ti mismo, también puedes cambiar cómo te sientes y cómo actúas en tu vida diaria. Es un proceso de autodescubrimiento y compasión que te ayuda a establecer una relación más auténtica contigo mismo.

"Aprende del pasado, pero no te aferres a él; utiliza los errores como trampolín hacia un futuro mejor."

Al comprometerte con este viaje de autodescubrimiento y crecimiento personal, te abrirás a nuevas perspectivas y experiencias en la vida. Descubrirás que el amor propio va más allá de sentirte bien contigo mismo; también implica tener la confianza y la fuerza interna para perseguir tus sueños y metas con determinación y valentía. Aprendemos a enfrentar nuestros miedos y a aceptarlos como parte natural de nuestra existencia, lo que nos permite manejar nuestras emociones y acciones de manera más consciente y equilibrada. Ya no dependemos de las opiniones o acciones de los demás; ahora dependemos de nosotros mismos. Este proceso nos lleva a alcanzar niveles más profundos de conciencia, a experimentar emociones más ricas y a sumergirnos en nuevas y enriquecedoras experiencias.

Para avanzar en este camino, es necesario abandonar la tendencia a compararnos constantemente con los demás y, en su lugar, medirnos a nosotros mismos con nuestra propia versión anterior. Cada paso hacia adelante, por pequeño que sea, es motivo para celebrar y sentirnos orgullosos de nuestro progreso.

Es fundamental practicar la autocompasión y la paciencia en este viaje. Debemos recordar que es normal experimentar retrocesos, incluso cuando pensamos que hemos superado ciertas dificultades. A menudo, tendemos a ser duros con nosotros mismos cuando enfrentamos contratiempos o retrocesos en nuestro progreso. Sin embargo, es esencial recordar que experimentar altibajos es parte natural del proceso de crecimiento y desarrollo. Incluso cuando creemos haber superado ciertas dificultades, podemos encontrarnos nuevamente enfrentando desafíos similares. En esos momentos, es importante reconocer que los retrocesos no significan un fracaso, sino más bien una oportunidad para aprender y crecer aún más fuertes.

La vida misma es una montaña rusa de altibajos, y no siempre tendremos el control total de las circunstancias que nos rodean. Aceptar esta realidad nos permite liberarnos de la presión de ser perfectos y nos brinda la libertad para abrazar nuestra humanidad y nuestras imperfecciones.

Al embarcarte en este proceso de crecimiento personal, es probable que te encuentres aprendiendo a tomar decisiones más

> **Este viaje hacia el amor propio y la aceptación personal representa una valiosa inversión en nuestra felicidad y bienestar emocional.**

conscientes y a asumir un mayor control sobre tu vida. Si bien esto no implica que serás inmune al dolor o a los desafíos de la vida, es posible que te den la fortaleza para sentirte capaz de abordar las diferentes situaciones con otra mentalidad y estado emocional. La fe y la gratitud pueden convertirse en recursos importantes para ti, incluso en momentos de adversidad, ya que habrás experimentado el poder de tu propio compromiso y determinación. Sin embargo, es importante reconocer que cada individuo enfrenta circunstancias únicas y que el proceso de superación puede variar según cada situación y contexto personal.

La autoaceptación y el amor propio son pilares básicos para cultivar una autoestima sólida y saludable. Cada día se nos presenta como una oportunidad para crecer, aceptarnos tal y como somos y edificar una relación positiva con nosotros mismos.

Walter Riso es un psicólogo y escritor reconocido por abordar temas relacionados con el desarrollo personal y emocional en sus libros. Aunque el tema del amor propio está presente de manera transversal en muchas de sus obras, hay algunas en las que lo trata de manera más específica y detallada. Según la perspectiva de Riso, las ventajas del amor propio incluyen:

1. **Autoestima fortalecida:** El amor propio contribuye a fortalecer la autoestima, permitiendo que las personas se valoren a sí mismas independientemente de la aprobación externa.

2. **Mayor autonomía emocional:** Al amarse a sí mismas, las personas dependen menos de la validación y la aceptación de los demás, lo que les otorga una mayor autonomía emocional.

3. **Capacidad de establecer límites:** Las personas con amor propio son capaces de establecer límites saludables en sus relaciones, lo que les permite protegerse de situaciones dañinas o abusivas.

4. **Toma de decisiones más conscientes:** El amor propio implica un mayor autoconocimiento y autoaceptación, lo que facilita la toma de decisiones más alineadas con las necesidades y deseos individuales.

5. **Mayor resiliencia ante la adversidad:** Las personas con un sólido amor propio tienen una mayor capacidad para superar los desafíos y contratiempos de la vida, ya que confían en su propio valor y capacidad para hacer frente a las dificultades.

6. En su obra "Enamórate de ti", habla sobre el valor imprescindible de la autoestima. Examina cómo desarrollar un sólido amor propio puede mejorar la calidad de vida y las relaciones personales.

Algunas actividades que te ayudarán en tu proceso son:

EL TRATO QUE NO TE DAS

Comienza tratándote con la misma compasión y amabilidad que mostrarías a alguien especial en tu vida. Si te cuesta, te invito a cerrar los ojos y a visualizar a esa persona especial. Verbaliza en voz alta palabras de compasión y cariño. Luego, cambia la imagen mental de esa persona por la tuya y repite esas mismas palabras para ti mismo. (Básicamente, es darte a ti mismo el consejo que le brindarías a tu ser más querido).

Realiza este ejercicio hasta que se convierta en un hábito natural en tu rutina diaria.

LLEVA UN DIARIO DE GRATITUD

Este ejercicio es de gran valor y ha sido mencionado en diversas ocasiones a lo largo de este libro. Consiste en dedicar unos momentos cada día para escribir tres cosas por las que te sientas agradecido, incluyendo tus cualidades y logros personales. A medida que te acostumbres a esta práctica, puedes ir incrementando la cantidad de cosas o situaciones por las que te sientes agradecido. Este hábito cambiará tu perspectiva, permitiéndote valorar lo que tienes en lugar de centrarte únicamente en lo que te falta. Recuerda que incluso los pequeños detalles merecen ser reconocidos.

RECONOCE TUS LOGROS

Haz una lista de tus logros y colócala donde la puedas ver. Reconocer tus éxitos fortalecerá tu confianza y determinación. Identifica tus fortalezas. Conocerlas y aprovecharlas aumentará tu confianza y seguridad. Concéntrate en desarrollarte en áreas donde ya eres fuerte y minimiza la atención en tus debilidades. Por ejemplo, en mi experiencia, una vez comprendí mis fortalezas, decidí potenciarlas. Esto me llevó a querer ampliar mis habilidades en el campo del *coaching.*

APRENDE A PONER LÍMITES

Aprender a establecer límites te ayudará en el autocuidado y bienestar emocional. Te invito a reflexionar sobre tus límites personales, emocionales, sociales y todos aquellos que necesites abordar. Haz una lista de aquellos que deseas incorporar en tu vida. Por ejemplo: aprender a decir "no" cuando sea necesario, estableciendo límites claros con los demás de manera respetuosa. Prioriza tu tiempo y energía en actividades que te nutran, practica el autocuidado diario y recuerda que cuidarte a ti mismo no es egoísta, sino necesario para construir relaciones saludables y equilibradas.

ABRAZA TUS IMPERFECCIONES

Abrazar tus imperfecciones es un acto de autocompasión y crecimiento personal. Al reconocer y aceptar que nadie es perfecto, incluido tú mismo, te abres a valorar tus cualidades únicas y auténticas. Dejar de compararte con los demás te libera de la constante presión de alcanzar estándares inalcanzables y te permite concentrarte en tu propio camino de desarrollo. En lugar de enfocarte en tus debilidades percibidas, puedes canalizar tu energía hacia el cultivo de tus fortalezas y el desarrollo de una conexión más profunda contigo mismo.

APRENDE DE TUS ERRORES

En lugar de castigarte por tus errores, te invito a cambiar tu perspectiva y considerarlos como valiosas oportunidades de aprendizaje. Los errores son una parte inevitable y natural de la vida de cualquier persona, pero, en vez de verlos como fracasos, es importante reconocer que son experiencias que contribuyen significativamente a tu crecimiento y desarrollo personal. Cada error cometido te brinda la oportunidad de reflexionar, aprender lecciones relevantes y crecer como individuo. Al abrazar tus errores con una actitud de aceptación y curiosidad, puedes transformarlos en poderosos impulsores de tu evolución y éxito futuro. Haz una lista de situaciones en tu vida que consideres errores o fracasos, desde los más pequeños hasta los más significativos. Para cada error o situación, reflexiona sobre qué te ha enseñado. ¿Qué lecciones has aprendido de esa experiencia? Pregúntate cómo esa situación ha contribuido a tu crecimiento personal, tus habilidades o tu comprensión del mundo. Distingue entre los errores en los que tomaste responsabilidad y aquellos en los que no lo hiciste. Reflexiona sobre cómo el tomar responsabilidad pudo haber contribuido a tu aprendizaje y crecimiento, y cómo podrías aplicar esta lección en el futuro. Por último, considera cómo podrías haber manejado esos errores de manera diferente y qué acciones podrías tomar para evitar cometerlos nuevamente en el futuro. Utiliza estas reflexiones como aprendizajes valiosos para orientar tus acciones y decisiones futuras, recordando que los errores son oportunidades de aprendizaje y crecimiento.

VISUALIZACIÓN ASPIRACIONAL

Dedica tiempo cada día a visualizarte como una persona amorosa, segura y valiosa. Encuentra un lugar tranquilo y cómodo donde puedas sentarte o recostarte sin ser interrumpido durante unos minutos. Imagina situaciones en las que te sientes bien contigo mismo y experimentas amor propio en plenitud. Visualízate con claridad sintiendo un profundo amor propio y una confianza inquebrantable en tu valía y tus habilidades. Crea en tu mente situaciones y escenarios en los que te sientas completamente bien contigo mismo. Pueden ser momentos de éxito, logros personales, momentos de amor y conexión con los demás, o simplemente momentos de calma y satisfacción interior. Mientras te sumerges en estas visualizaciones, presta atención a cómo te sientes en tu cuerpo y en tu corazón. Permítete experimentar plenamente las emociones positivas que surgen durante la visualización. Mantén estas imágenes positivas en tu mente durante unos minutos, permitiéndote saborear la sensación de amor propio y satisfacción. Cuando estés listo, abre suavemente los ojos y lleva contigo la sensación de amor propio y confianza que has cultivado durante la visualización.

Es posible que al inicio te resulte complicado, pero persiste en el ejercicio hasta que lo logres. Si no puedes hacerlo por tus propios medios, busca meditaciones guiadas de amor propio o ayuda de un profesional.

CARTA DE AFIRMACIÓN PERSONAL

Escríbe una carta desde una perspectiva amorosa y compasiva. Destaca tus fortalezas, logros y cualidades que te hacen especial. Reconoce tus capacidades y expresa tu amor y aprecio hacia ti mismo. Esta carta puede ser leída diariamente como recordatorio de tu valía y amor propio. Si no logras escribirte una carta, pide a personas cercanas que escriban cosas sobre ti, luego toma las respuestas y reflexiona sobre aquello que otros ven en ti que tú mismo no eres capaz de ver. Integra los comentarios de otros en tu propia carta y ve agregando aspectos sobre ti con el tiempo.

Acá un ejemplo para que te puedas inspirar:

Querido yo,

Hoy quiero tomarme un momento para expresarte todo el amor y aprecio que mereces. Eres una persona verdaderamente especial, llena de fortalezas, logros y cualidades que te hacen único en este mundo.

Primero que nada, quiero destacar tu fuerza interior. Has enfrentado desafíos y obstáculos en el camino, pero siempre has encontrado la manera de superarlos con valentía y determinación. Tu capacidad para levantarte después de caer es inspiradora y demuestra tu increíble resiliencia.

Además, quiero reconocer tus logros. Has trabajado arduamente para llegar hasta donde estás hoy y tus éxitos no deben pasarse por alto. Ya sea en tu carrera, en tus relaciones o en tu crecimiento personal, has alcanzado metas significativas que merecen ser celebradas.

Pero más allá de tus fortalezas y logros, lo que realmente te hace especial son tus cualidades únicas. Tu amabilidad, tu generosidad y tu compasión hacia los demás son cualidades admirables que iluminan el mundo que te rodea. Tu capacidad para amar y cuidar a los demás es verdaderamente inspiradora.

Quiero que sepas que eres amado y valorado. Mereces todo el amor y la felicidad que la vida tiene para ofrecer. Así que, querido yo, tómate un momento cada día para recordar tu valía y tu amor propio. Esta carta puede servir como un recordatorio diario de tu grandeza y de lo mucho que te mereces.

Con amor y aprecio,

Tu alma.

VISUALIZACIÓN O CARTA DEL FUTURO DESEADO

Imagina tu futuro deseado, un escenario donde te sientes pleno y realizado, donde cada aspecto de tu vida refleja tus aspiraciones más profundas y tus sueños más anhelados. Visualiza una existencia repleta de amor propio, donde te aceptas y te valoras tal como eres, permitiendo que este amor propio guíe tus acciones y decisiones diarias. En esta carta hacia tu yo futuro, te invitamos a sumergirte en una descripción detallada de cómo sería tu vida ideal en ese momento. ¿Qué logros has alcanzado? ¿Cómo te sientes contigo mismo y con los demás? ¿Qué actividades llenan tus días y te llenan de satisfacción? Sé lo más específico posible al plasmar tu visión, compartiendo los momentos de felicidad, satisfacción y orgullo que experimentas al haber alcanzado tus metas y vivir la vida que siempre has deseado. Considera tus metas y aspiraciones más importantes en todos los ámbitos de tu vida: desde la carrera profesional hasta las relaciones personales, la salud y el bienestar emocional. Además de describir tu vida futura, reflexiona sobre los pasos concretos que has tomado para llegar allí. ¿Qué acciones has emprendido para alcanzar tus metas? ¿Qué obstáculos has enfrentado y superado en el camino hacia tu realización personal? Reconoce el crecimiento y el desarrollo que has experimentado en este proceso.

Finalmente, después de escribir tu carta, tómate un momento para leerla en voz alta para ti mismo, permitiendo que las palabras resuenen en tu ser y refuercen tu compromiso con tu futuro deseado. Considera guardar la carta en un lugar especial donde puedas recurrir a ella en el futuro como recordatorio de tus sueños y aspiraciones.

Recuerda escribir todo en tiempo presente, como si ya estuviera sucediendo, fortaleciendo así tu conexión con tu visión de un futuro lleno de amor propio y realización personal. La carta puede ser muy general o específica como necesites. Asegúrate que sea lo que realmente deseas sentir.

DEJA DE LADO LA AUTOCRÍTICA

Observa tus pensamientos autocríticos y **desafíalos de manera consciente**. Comienza por tomar conciencia de tus pensamientos negativos sobre ti mismo, aquellos que te hacen sentir inferior, no lo suficientemente bueno o que te juzgan de manera severa. Una vez identificados, **cuestiónalos de manera consciente**. ¿Son estos pensamientos realmente ciertos? ¿Existen pruebas sólidas que los respalden? ¿Estoy siendo demasiado duro conmigo mismo? Después de cuestionar la validez de tus pensamientos autocríticos, trabaja en **reemplazarlos por pensamientos más compasivos y amorosos hacia ti mismo.** Esto implica cultivar un diálogo interno positivo y alentador. Además, puedes complementar esta práctica con la escritura terapéutica. Dedica unos minutos cada día para escribir tus pensamientos y emociones, especialmente aquellos relacionados con la autocrítica. Utiliza este espacio para desafiar tus pensamientos negativos y reemplazarlos por pensamientos más compasivos y realistas. Esta práctica te ayudará a procesar tus emociones y aclarar tus pensamientos, facilitando así el camino hacia una mayor autoaceptación y amor propio.

FORTALECE TU AUTOESTIMA CON AFIRMACIONES POSITIVAS

Toma un momento cada día para afirmarte a ti mismo con declaraciones positivas y amorosas. Repite estas afirmaciones regularmente y observa cómo transforman gradualmente tu percepción de ti mismo y fortalecen tu amor propio. Si no puedes incluirlas en tus noches, repítelas varias veces a lo largo del día. La constancia de las afirmaciones positivas te ayudarán a internalizar mi propia valía. Ten presente que las afirmaciones son más poderosas cuando se combinan con las acciones y prácticas mencionadas anteriormente.

Aquí tienes algunas afirmaciones que puedes utilizar:

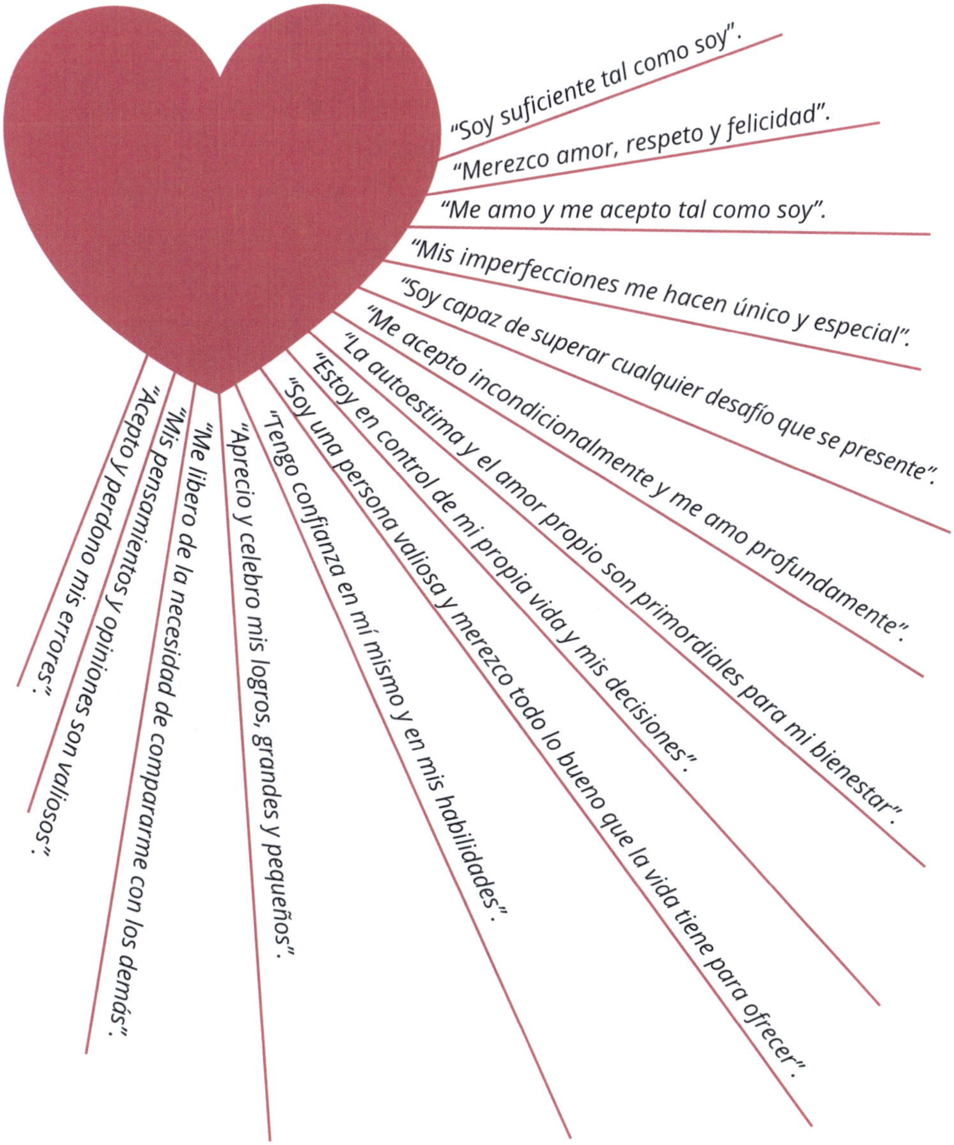

El proceso de cultivar el amor propio es una travesía continua que demanda tiempo y paciencia. No te desanimes frente a los retrocesos. La práctica constante de estas actividades fortalecerá tu amor propio y te encaminará hacia una vida más plena y positiva. Durante un divorcio, las emociones pueden ser intensas y variadas, desde el dolor y la tristeza hasta la incertidumbre y la confusión. El amor propio implica cuidar tus emociones y permitirte sentir lo que sientes sin juzgarte. Al practicar la compasión hacia ti mismo, puedes afrontar mejor estas emociones y manejar el estrés asociado con la separación.

Con este poderoso enfoque, te animo a adoptar una visión amplia y optimista del proceso de divorcio y de ti mismo.

Cada día se presenta como una nueva oportunidad para elevar tu mentalidad, tus acciones y tus relaciones mientras atraviesas esta transición. Es posible que concentrarte únicamente en los aspectos negativos del divorcio o la separación pueda distraerte de las nuevas posibilidades y oportunidades que se abren ante ti. En cambio, al dirigir tu energía hacia el fortalecimiento de tu propio ser y de aquello que construye tu identidad, estarás indirectamente abordando todos los aspectos desafiantes de esta etapa de tu vida.

Enfócate en buscar la grandeza en todas las áreas de tu vida, mostrando gratitud, confiando en tus capacidades y enfrentando los desafíos de la ruptura con coraje y persistencia. Recuerda que este proceso de crecimiento personal te brinda la oportunidad de redescubrirte, reinventarte y florecer en una nueva etapa de tu vida.

Si tienes la disposición de explorar lo desconocido y superar límites autoimpuestos, puedes ver al proceso de divorcio como una búsqueda de algo más significativo, a pesar de los riesgos que pueda implicar.

Aunque la inestabilidad y la incertidumbre pueden suscitar miedo y preocupación, enfrentar estos desafíos con valentía y adoptar nuevas perspectivas y posibilidades puede resultar transformador en el trayecto hacia la reconstrucción de la vida tras el divorcio.

Para mí, la mejor representación de este viaje es usando la metáfora de elevarse en un globo aerostático. Ilustra perfectamente el proceso de crecimiento personal durante el divorcio o cualquier situación en la vida. Imagina que estás a bordo de ese globo, sintiendo la emoción y el vértigo que trae consigo el ascenso. Aunque el riesgo y el miedo puedan estar presentes, también lo están las nuevas posibilidades que se revelan a medida que te elevas por encima de los desafíos. Desde esa altura, la vida adquiere una perspectiva diferente, permitiéndote ver más allá de los obstáculos y contratiempos.

Este viaje representa un llamado constante para superar los límites autoimpuestos y alcanzar nuevas alturas en tu crecimiento personal. **A medida que te elevas, te das cuenta de tu capacidad para adaptarte, crecer y transformarte.** A pesar de las turbulencias y los momentos difíciles, este viaje en globo aerostático simboliza tu capacidad de ascender hacia un estado superior de gratitud, paz y excelencia. Cada desafío superado te acerca más a esa cima, donde te espera una versión más fuerte y resiliente de ti mismo.

Date espacio para reflexionar y encontrar las razones adecuadas para elevarte, para trabajar en ti y para salir adelante ante la adversidad. Este tiempo de reflexión te permite explorar profundamente tus motivaciones internas y descubrir **qué es lo que realmente te impulsa a crecer y avanzar en tu vida.** Pregúntate a ti mismo qué es lo que te mueve, qué valores son importantes para ti y qué metas te gustaría alcanzar. Al darte este espacio para la introspección, podrás conectar con tus deseos más profundos y encontrar la inspiración necesaria para iniciar tu viaje de autodescubrimiento y automejora.

Recuerda que cada uno tiene sus propias razones para querer mejorar y superar los desafíos que se presentan en la vida. Puede ser el deseo de ser una mejor versión de uno mismo, el anhelo de alcanzar el éxito personal y profesional, el amor hacia los seres queridos, o el anhelo de vivir una vida más plena y auténtica. Sea cual sea tu motivo, tómalo con seriedad y permítete sentir su poderoso impulso en tu interior.

Finalmente, recuerda que la vida está llena de posibilidades y que siempre existe la oportunidad de intentar hacer algo diferente para obtener resultados diferentes. **No tengas miedo de explorar nuevas opciones, de salir de tu zona de confort y de desafiar las expectativas.** A veces, es en la búsqueda de lo desconocido donde encontramos nuestro mayor crecimiento y realización. Así que date permiso para intentar algo nuevo, para tomar riesgos y para perseguir tus sueños con valentía y determinación. **Quién sabe, quizás te sorprendas gratamente con lo que eres capaz de lograr.**

Recuerda siempre que la ausencia de amor propio puede desencadenar una serie de emociones negativas, como ansiedad, depresión o una sensación de baja autoestima. Durante un proceso de ruptura, es completamente normal sentir un caos emocional, y la falta de amor propio puede intensificar estas sensaciones, haciendo que sea más complicado adaptarse a los cambios que se están experimentando.

Busca apoyo durante estos momentos difíciles. Habla con un terapeuta o consejero, puede ser de gran ayuda en tu proceso de sanación. Estos profesionales están especialmente capacitados para brindarte apoyo emocional, ayudarte a reconstruir tu autoestima y proporcionar herramientas prácticas para mejorar tu relación contigo mismo. No subestimes el poder de buscar ayuda cuando la necesitas; dar este paso puede marcar una gran diferencia en tu bienestar emocional y en tu capacidad para sobrellevar los desafíos del divorcio.

PARTE III

Los Intrusos

Ser conscientes de nuestros pensamientos y emociones nos permite tomar decisiones más conscientes y alineadas con nuestros valores y objetivos.

—DR. DANIEL AMEN

LOS INTRUSOS DEL VIAJE

El único límite para tu éxito es el que tú mismo te impones.

—BRIAN TRACY

En el viaje hacia el crecimiento personal, los "intrusos" son esos elementos tanto externos como internos que perturban el proceso de desarrollo personal. Pueden adoptar múltiples formas y representar barreras significativas para alcanzar nuestros objetivos de crecimiento y transformación. Estos intrusos se manifiestan a través de comportamientos conscientes e inconscientes, actitudes arraigadas y patrones de pensamiento limitantes, dificultando así el proceso de sanación y transformación que buscamos.

Identificar y comprender estos factores intrusivos resulta indispensable para liberarse de sus ataduras y desplegar todo el potencial de una nueva etapa en la vida. Hacerte consciente sobre la presencia de estos intrusos, puede ser el primer paso decisivo hacia la superación de una ruptura a través de la autogestión de los mismos.

¿CÓMO COMBATIR EL AUTOSABOTAJE?

El primer paso es identificar las áreas en las que nos saboteamos. Una vez que somos conscientes de nuestro comportamiento, podemos empezar a desafiar las creencias limitantes que lo sustentan.

Basado en mi experiencia y en los testimonios de otras personas, estos intrusos nos conducen al autosabotaje en todas las áreas de nuestra vida, bloqueando nuestro camino hacia el logro de metas y la consecución del bienestar. Algunos ejemplos que puedo compartir, derivados tanto de mi vivencia como de los relatos de conocidos, son:

Autocrítica excesiva: Culparte constantemente por la ruptura o por aquellas cosas que pudiste haber hecho mejor.

Permanecer en el pasado: Aferrarte a viejas emociones, resentimientos o recuerdos que te impidan avanzar y abrirte a nuevas oportunidades.

Negligencia personal: Descuidar tu bienestar físico y emocional puede afectar tu salud física, mental y emocional.

Procrastinación: Postergar decisiones importantes o dejar de lado metas personales para evitar enfrentar la realidad, es una manera inconsciente de limitarte y quedarte rezagado en tu proceso.

Aislamiento social: Alejarte de las relaciones sociales y evitar el apoyo externo, agrava la sensación de soledad y dificulta tu proceso de sanación.

Rechazo de nuevas oportunidades: Resistirte a probar nuevas experiencias, te priva de oportunidades que podrían ser beneficiosas para tu crecimiento personal.

Buscar validación externa en exceso: Depender demasiado de la aprobación de los demás, especialmente de tu expareja, afecta tu autoestima y tu propia valía.

Negación de la realidad: La negación puede ser una respuesta emocional natural para protegerse del dolor o la angustia asociada con el fin de una relación, pero también puede prolongar el proceso de adaptación y dificultar la capacidad de avanzar hacia una resolución saludable.

Autocompasión excesiva: Sumergirse en el papel de víctima, sin buscar activamente soluciones o cambios positivos, puede generar un estancamiento emocional y dificultar la adopción de medidas para mejorar la situación y recuperarse.

Apegos emocionales no saludables: Aferrarse a conexiones emocionales, como buscar constantemente la aprobación o reconciliación con la expareja, puede impedirte establecer límites claros y construir una nueva identidad posdivorcio.

Incapacidad para perdonar: La falta de perdón puede mantener vínculos emocionales negativos y dificultar la apertura a nuevas relaciones y experiencias no sólo en el entorno de tu ex, sino también en oportunidades futuras de una nueva relación.

Falta de comunicación efectiva: Evitar la comunicación efectiva con la expareja es uno de los errores más comunes y menos saludables, ya que el no querer hablar y ponerse de acuerdo ante todo lo que un divorcio implica, sobre todo si se tienen hijos en común, puede llevar a malentendidos y conflictos innecesarios en la crianza de los hijos.

Manipular relación con los hijos: Utilizar a los hijos como instrumentos para vengarse o manipular situaciones en contra de tu expareja, les puede acarrear consecuencias emocionales, afectando su bienestar y dificultando la construcción de vínculos saludables.

Evasión a través de adicciones: Consumir sustancias, como el alcohol, o mantener comportamientos adictivos, como el exceso de trabajo, son vías para escapar temporalmente del dolor emocional; sin embargo, a largo plazo sólo complican la recuperación y la construcción de una vida equilibrada.

Evadir emociones: Callar el dolor, la tristeza o el enojo asociado con la ruptura sólo te convierte en un baúl de emociones no expresadas, donde se acumulan tensiones internas, dificultando la comunicación efectiva con uno mismo y con los demás. Esta conducta puede entorpecer el proceso de sanación si no encuentras la forma adecuada para liberar emociones reprimidas.

Querer saber todo de tu expareja: Mantener una obsesión por la vida actual de tu ex, buscando constantemente información detallada sobre sus actividades, relaciones y decisiones o incluso querer tener los detalles de por qué la relación no funcionó puede ser perjudicial, ya que dificulta el distanciamiento emocional y prolonga el proceso de sanación al mantener una conexión emocional no saludable. Recuerda que más información no cambiará tu realidad.

Malas influencias o consejos: Permitir que amigos, familiares o personas cercanas influyan de manera negativa, proporcionando consejos tóxicos o fomentando malas actitudes y/o comportamientos son altamente perjudiciales en tu proceso.

Miedo al compromiso: Desarrollar un temor excesivo a comprometerse nuevamente en una relación puede privarte de establecer nuevas conexiones saludables.

Expectativas poco realistas: Establecer expectativas poco realistas sobre el proceso de superación, como esperar una recuperación instantánea o idealizar una reconciliación futura, puede crear tensiones emocionales y obstaculizar el avance. Las expectativas poco realistas pueden generar frustración, desilusión y dificultades para adaptarse a la realidad de la situación. Reconocer y ajustar estas expectativas es determinante para un proceso de superación más saludable.

Resistencia al cambio: La resistencia puede manifestarse como miedo al desconocido, apego a la zona de confort, negación de la necesidad de cambio o temor a enfrentar desafíos difíciles.

No sentirte merecedor: No sentirse merecedor de amor, de cosas positivas o de una relación sana tiene implicaciones emocionales y sociales profundas que pueden afectar adversamente la calidad de vida y las relaciones futuras de la persona afectada. Es crucial abordar estos sentimientos y dedicarse a cultivar la autoaceptación y el amor propio para poder avanzar de manera saludable después de una ruptura.

Excusas: Las excusas son racionalizaciones o justificaciones que utilizamos para evitar asumir la responsabilidad de nuestras acciones o para evitar enfrentar situaciones complejas. Estas excusas pueden actuar como intrusos al impedirnos tomar medidas positivas hacia nuestros objetivos de crecimiento personal. En lugar de enfrentar los desafíos y trabajar en soluciones, nos conformamos con excusas que nos impiden avanzar.

Victimismo: Adoptar una mentalidad de víctima puede ser otro intruso en el camino del crecimiento personal. Sentirse constantemente victimizado por circunstancias externas o culpar a otros por nuestras dificultades nos impide asumir la responsabilidad de nuestra propia vida y tomar el control de nuestro destino. Esta actitud puede limitar nuestra capacidad para aprender de las experiencias y para desarrollarnos de manera autónoma.

Falta de conciencia: La falta de conciencia o autoconocimiento puede ser un obstáculo significativo en el viaje de crecimiento personal. Sin una comprensión profunda de quiénes somos, qué queremos y qué nos impide avanzar, es complicado identificar y abordar áreas de mejora. La falta de conciencia puede llevarnos a actuar de manera automática o inconsciente, sin cuestionar nuestras acciones o comportamientos, lo que limita nuestro potencial de crecimiento y desarrollo.

Posiblemente, hay muchas otras maneras de autosabotear tu proceso, sin embargo, la toma de conciencia sobre cómo se manifiesta el autosabotaje en tu vida, es un gran paso para despertar conciencia sobre ello. Ya sea en momentos de logros o de desafíos, podemos confrontar estos pensamientos, comportamientos y acciones limitantes, para avanzar hacia un crecimiento personal más saludable.

El Dr. Daniel Amen, renombrado psiquiatra y experto en salud cerebral, ha abordado exhaustivamente el tema del autosabotaje desde una perspectiva científica y clínica. A través de sus investigaciones, ha revelado cómo ciertos tipos de disfunción cerebral, como la sobreactividad en regiones asociadas con el miedo o la ansiedad, pueden influir en el comportamiento autodestructivo. Amen subraya la importancia de la atención plena como una herramienta poderosa para contrarrestar el autosabotaje. Explica que la práctica regular de la atención plena fortalece las conexiones neuronales vinculadas con la atención y la autorregulación emocional, lo que mejora nuestra capacidad para gestionar el estrés y fomenta una mayor tranquilidad mental. Además, Amen resalta cómo la conciencia de nuestros pensamientos y emociones nos capacita para tomar decisiones más conscientes y coherentes con nuestros valores y objetivos.

La intención de este capítulo es destacar aspectos que a veces pasan desapercibidos porque operan en el nivel inconsciente, pero que son de gran relevancia en el proceso de sanación.

Te invito a profundizar en cada uno de estos puntos, y a reflexionar sobre cómo se manifiestan en tu situación actual. Comprender y confrontar estas dinámicas de autosabotaje te permitirá desentrañar las barreras que podrían estar limitando tu superación personal. Con este conocimiento, estarás mejor equipado para abordar los desafíos y abrirte a un proceso de crecimiento más consciente y transformador.

Para aumentar tu conciencia, te propongo tomar papel y lápiz y reflexionar sobre dónde percibes que te estás autosaboteando. ¿Qué acciones, emociones y pensamientos necesitas reconocer y hacer conscientes? Además, ¿qué medidas puedes tomar para contrarrestar el autosabotaje?

Cierro este capítulo con tres de mis intrusos más difíciles de vencer: *la culpa, el miedo y el ego.*

LA CULPA

La culpa es una de las emociones más corrosivas y destructivas que experimentamos. Nos hace sentir pequeños, indignos y sin valía.

—BRENE BROWN

La culpa desproporcionada puede resultar paralizante y obstaculizar la toma de decisiones saludables, generando un peso emocional innecesario. Quienes se ven atrapados en la culpa a menudo enfrentan dificultades para avanzar, ya que temen cometer errores similares en el futuro. Esto puede llevar a la indecisión y la evasión a tomar nuevas decisiones y acciones. Además, la autoestima puede verse afectada, haciendo que la persona se sienta indigna de la felicidad o de una nueva relación. En algunos casos, la persona puede sumergirse en comportamientos autodestructivos o evasivos en un intento de eludir la responsabilidad percibida. Además, puede conducir a sentimientos de victimización, donde la persona se ve a sí misma como una víctima de sus propias acciones o circunstancias. Este tipo de emociones pueden tener un impacto significativo en el bienestar emocional y en la capacidad de una persona para afrontar y superar los desafíos.

Personalmente, experimenté un profundo sentimiento de culpa por no proporcionar un hogar ideal para mi hijo, incluso por mi mala elección de la pareja ante el fracaso. Estos sentimientos me causaban un gran dolor y presión, sobre situaciones que escapaban de mi control. Sin embargo, gracias al trabajo realizado con profesionales, logré comprender que la culpabilidad que sentía no estaba fundamentada en la realidad objetiva de mi situación, sino en expectativas poco realistas y en una autocrítica excesiva. A través de la terapia psicológica, pude reconocer que estaba haciendo todo lo posible dentro de mis circunstancias y que mi amor y dedicación hacia mi hijo eran genuinos y valiosos, que mi hijo podía tener ese anhelado hogar, solo que ahora desde otra experiencia, desde otro enfoque, y no necesariamente aquel que yo había idealizado.

"Una persona que se siente culpable, se convierte en su propio verdugo."

-Séneca

Aprendí a perdonarme a mí misma y hacer las paces con el dolor de mi pasado, a sacar del camino lo que la sociedad nos ha impuesto, y a ver mi vida desde la posibilidad de construir con mi hijo ese anhelado hogar.

Me propuse aceptar que somos padres imperfectos y que fracasar es parte de la experiencia humana, que un hogar no representa un ambiente de tres personas en el mismo lugar, sino una relación sana desde donde sea. Esto me permitió liberarme del peso de la culpa y enfocarme en construir una relación saludable y significativa con mi hijo y mi expareja, basada en el amor, la comunicación y el apoyo mutuo. Aunque en ocasiones la culpa regresa, ahora forma parte de mi conciencia y puedo manejarla de manera muy diferente a como lo hacía cuando no era consciente de su presencia.

La culpa puede ser una emoción compleja y multifacética, y su manejo puede requerir un enfoque holístico. **Ser consciente de**

las creencias implícitas y los patrones de pensamiento que alimentan la culpa, así como practicar la autocompasión y el perdón hacia uno mismo, son aspectos claves en el proceso de liberación de esta carga emocional. También es útil explorar estrategias de afrontamiento saludables, como la expresión emocional a través del arte o la escritura, la práctica de la atención plena y el establecimiento de límites saludables con respecto a las expectativas propias y ajenas.

Además, destacaría la importancia de cultivar un entorno de apoyo comprensivo, ya sea a través de amigos, familiares o grupos de apoyo, donde puedas compartir tus sentimientos de culpa de manera segura y recibir el respaldo necesario para sanar. A veces, simplemente necesitas liberarte de tus cargas. En mi experiencia personal, he encontrado que hablar es sanador, tuve la oportunidad de desahogar mis culpas con ángeles y mentores quienes fueron apoyo fundamental. Por eso, es prioritario conocerte a ti mismo para comprender qué actividades te liberan, cuáles te ayudan a encontrar tu equilibrio para empezar nuevamente. Una escapada, un baño con agua tibia o fría, un paseo por la naturaleza, o simplemente desconectar y tener una conversación significativa con alguien, entre otras cosas. Las posibilidades son infinitas para conectarte con lo mejor de ti mismo y reconocer que la vulnerabilidad es una parte intrínseca de nuestra belleza como seres humanos.

Wayne Dyer afirma que la culpa es una emoción inútil, que no te mueve hacia adelante, solo te mantiene atascado en el pasado, mientras que el Dr. Joe Dispenza indica que la culpa es simplemente la forma que tiene nuestro cuerpo de decirnos que es hora de cambiar.

El proceso de liberación de la culpa puede llevar tiempo y esfuerzo, pero cada paso hacia el perdón y la aceptación de uno mismo te acercará más a la paz interior que necesitas.

HAGAMOS UN EJERCICIO

Te invito a tomar un lápiz y papel, y anotar lo que surja en este espacio.

¿Qué te hace sentir culpable?	
¿Qué tendría que pasar para sentirte mejor?	
¿Qué emociones desencadena la culpa?	
¿Por qué piensas que esto fue incorrecto o inadecuado?	
¿Qué acciones puedes tomar para corregir la situación o perdonarte?	
¿Qué le dirías a un amigo en tu situación?	

AQUÍ TIENES UNA GUÍA QUE TE PUEDE AYUDAR A LIBERAR LA CULPA.

1. **Identifica la culpa:** Comienza reflexionando sobre qué situaciones específicas te hacen sentir culpable. Anota estas situaciones en una hoja de papel.

2. **Explora las creencias subyacentes:** Una vez que hayas identificado las situaciones, reflexiona sobre las creencias subyacentes que están contribuyendo a tu sentimiento de culpa. Pregúntate a ti mismo por qué te sientes culpable en esas situaciones y anota estas creencias junto a cada situación identificada.

3. **Cuestiona las creencias:** Desafía tus creencias sobre la culpa. Pregúntate si esas creencias son realistas y justas. ¿Son realmente responsables tus acciones de lo que te estás culpando? Anota cualquier pensamiento alternativo que tengas sobre cada situación.

4. **Práctica del perdón:** Escribe una carta de perdón dirigida a ti mismo o a cualquier persona involucrada en las situaciones que te hacen sentir culpable. En esta carta, perdónate a ti mismo por cualquier error que creas haber cometido y libérate de la carga de la culpa.

5. **Visualiza la liberación:** Cierra los ojos y visualiza cómo te sentirías si liberas la culpa que has estado cargando. Imagina que estás dejando ir todas esas emociones negativas y permitiéndote sentirte libre y en paz contigo mismo.

6. **Practica el autocuidado:** Comprométete a realizar acciones de autocuidado que te ayuden a sentirte bien contigo mismo. Esto puede incluir actividades como ejercicio, meditación, tiempo con amigos o cualquier otra cosa que te haga sentir bien.

7. **Reflexiona:** Después de completar el ejercicio, tómate un momento para reflexionar sobre cómo te sientes. ¿Has experimentado algún cambio en tu percepción de la culpa? Lleva un registro de tus pensamientos y sentimientos en los próximos días para ver si hay algún cambio significativo.

Trabajar en la culpa después de una separación requiere tiempo, paciencia y autocompasión. Al abordar este intruso emocional de manera consciente, puedes allanar el camino hacia una superación personal más completa y saludable. **Reconocer y aceptar** la presencia de la culpa te ayudará a ser consciente de este sentimiento para gestionarlo de manera efectiva. **Reflexionar** sobre las circunstancias que llevaron a la ruptura puede proporcionar claridad sobre las propias acciones y decisiones. Es importante ser honesto con uno mismo y aprender de la experiencia, identificando lecciones valiosas para el crecimiento personal. **Compartir** sentimientos de culpa con un profesional puede proporcionar perspectivas externas y apoyo emocional para encontrar espacio para el **perdón** hacia uno mismo. Todos cometemos errores y la autoabsolución es vital para avanzar.

Trátate con amabilidad y comprensión, reconociendo que eres humano y propenso a cometer errores. Concéntrate en el presente y en el proceso de construir tu mejor versión desde la autocompasión y el amor hacia ti mismo.

EL MIEDO

El hombre valiente no es el que no siente miedo,
sino aquel que conquista ese miedo.

—NELSON MANDELA

El miedo adopta diversas formas en cada individuo; en mi caso, representó tanto un desafío como una bendición. Por un lado, me sumergió en una sensación de victimización en situaciones emocionales complejas, lo cual obstaculizaba mi capacidad para avanzar y tomar decisiones firmes. Me encontraba atrapada en la indecisión, incapaz de avanzar hacia lo que sabía que debía hacer. Por otro lado, el miedo también resultó ser una bendición, ya que me desafió profesional, intelectual y emocionalmente a encontrar soluciones a situaciones que requerían decisiones importantes de mi parte.

El problema del miedo es que muchas veces nos paraliza y afecta negativamente la calidad de vida que llevamos o nuestra capacidad para enfrentar desafíos.

Viví una montaña rusa de emociones en el proceso. El miedo fue tanto un aliado valioso como un obstáculo paralizante durante mucho tiempo sobre todo en lo emocional. Hoy, después de varios años, el miedo sigue presente, aunque de manera diferente. Ahora reconozco que el miedo me ofrece señales sobre decisiones cruciales que debo tomar. Entiendo que es una parte natural de la condición humana y que depende de mí encararlo como una oportunidad.

Es comprensible experimentar miedo en todas las facetas de un divorcio: la crianza de los hijos con una figura menos presente, los problemas financieros que surgen, las adquisiciones conjuntas que deben ser reconsideradas y las decisiones importantes que deben tomarse. También está el miedo a perder el afecto de personas significativas más allá de la relación, el temor a no poder reconstruir la vida, a no volver a confiar, a sentir insatisfacción e incapacidad, y la lista podría continuar.

En el proceso de divorcio, es común que el miedo se manifieste de diferentes formas. Por eso, te animo a que durante la lectura intentes identificar tus miedos más profundos. Reconocerlos te permitirá abordarlos de manera consciente y gestionarlos de manera efectiva a lo largo de tu proceso de divorcio.

Veamos algunos miedos que podrías estar enfrentando:

MIEDO AL CAMBIO

El miedo a lo **desconocido** o a salir de la zona de confort, puede paralizarnos, impidiéndonos adoptar los cambios necesarios para la superación personal. Resistirse al cambio puede mantener a la persona atrapada en patrones antiguos, dificultando la adaptación a la nueva realidad.

MIEDO A LA SOLEDAD

El temor a la soledad puede llevarnos a buscar nuevas relaciones de manera muy apresurada o a aferrarnos a relaciones antiguas, incluso si son dañinas. Esto puede sabotear el crecimiento personal y la construcción de una vida más auténtica.

MIEDO AL FRACASO

El miedo al fracaso puede generar inseguridad y dudas sobre la capacidad de tener éxito en nuevos emprendimientos o relaciones.

MIEDO A LA VULNERABILIDAD

La resistencia a ser vulnerable puede limitar la apertura emocional, impidiendo el proceso de sanación y conexión profunda con uno mismo y con los demás.

MIEDO A LA PÉRDIDA ECONÓMICA

Los aspectos financieros del divorcio como la división de bienes, la determinación de la pensión alimenticia y el mantenimiento, pueden generar miedo a la pérdida económica o a no poder mantener el nivel de vida anterior.

MIEDO A LA CUSTODIA DE LOS HIJOS

Para muchos padres, el proceso de divorcio puede estar marcado por el miedo a perder la custodia de sus hijos o a no poder mantener una relación cercana con ellos. Este miedo puede ser especialmente intenso si hay conflictos sobre la custodia o si uno de los cónyuges se opone a la participación del otro en la crianza de los hijos.

MIEDO AL ESTIGMA SOCIAL

El divorcio todavía puede llevar asociado un estigma social en algunas comunidades o culturas. Las personas pueden temer el juicio o la desaprobación de amigos, familiares o la sociedad en general por su decisión de divorciarse.

MIEDO A NO VOLVER A ENCONTRAR EL AMOR

Después de un divorcio, algunas personas pueden experimentar miedo a no ser capaces de encontrar una nueva pareja o a establecer relaciones significativas en el futuro. Este miedo puede estar relacionado con la autoestima y la confianza en sí mismo después de la ruptura de un matrimonio.

Gestionar el miedo puede ser un proceso gradual que involucra una combinación de autoconciencia, estrategias de afrontamiento y, en algunos casos, apoyo profesional. Esto implica cultivar la resiliencia emocional, la autoestima y la confianza en uno mismo para afrontar los desafíos del divorcio con determinación y optimismo.

Te comparto algunas sugerencias que me ayudaron a abordar el miedo en mi proceso y que pueden ser una guía en el tuyo:

1. El primer paso es **reconocer y aceptar** que estás experimentando miedo. La autoconciencia es imprescindible para abordar cualquier emoción de manera efectiva.

2. Examina las fuentes específicas de tu miedo. Entender qué es lo que realmente te preocupa puede ayudarte a abordar el problema de manera más precisa. Trabaja en reencuadrar pensamientos negativos asociados con el miedo. Cuestiona las creencias irracionales y reemplázalas por pensamientos más realistas y positivos.

3. Reflexiona sobre el propósito del miedo. El miedo que experimentas ¿es una respuesta proporcional a una amenaza real? o ¿es desproporcionado para la situación? ¿Qué es lo peor que podría pasar?

4. Trabaja en desarrollar la autoconfianza. El fortalecimiento de la autoestima y la creencia en tu capacidad para enfrentar desafíos puede reducir la intensidad del miedo. Si el miedo está asociado con un cambio significativo o un desafío, divídelo en pasos pequeños. Abordar el miedo gradualmente hace que sea más manejable.

5. Establece metas realistas para enfrentar tus miedos. Avanzar de manera gradual y establecer objetivos alcanzables te ayuda a ganar confianza en tu capacidad para superar el miedo.

6. Si el miedo está relacionado con lo desconocido, busca información y conocimiento sobre la situación. La educación reduce la incertidumbre y, por lo tanto, disminuye el miedo.

7. Celebra cada paso que das para enfrentar tus miedos. Reconoce y valora tus esfuerzos, independientemente de lo pequeños que parezcan.

8. Aprende y practica técnicas de relajación, como la respiración profunda o la meditación. Estas técnicas pueden ayudar a calmar el sistema nervioso y reducir la ansiedad asociada con el miedo.

EJERCICIO

Te invito hacer este ejercicio de indagación, para que puedas hacer conscientes tus miedos.

¿Qué situación específica o pensamiento desencadena tu miedo?

¿Cuál es el peor escenario que imaginas en relación con este miedo?

¿Cuáles son las creencias subyacentes que contribuyen a tus miedos?

¿Cómo ha afectado este miedo tu vida y tus decisiones hasta ahora?

¿Qué aspectos de tu pasado podrían estar influyendo en este miedo?

¿Qué recursos tienes disponibles para enfrentar este miedo?

¿Qué pasaría si decidieras no dejarte controlar por este miedo?

¿Qué valores o metas importantes están siendo obstaculizados por este miedo?

¿Qué patrones de pensamiento o comportamiento has observado en ti cuando experimentas este miedo?

¿Cómo puedes cambiar tu relación con este miedo para que no limite tu vida?

Estas preguntas pueden ayudarte a explorar tus miedos desde diferentes ángulos y obtener una comprensión más profunda de cómo te están afectando.

Si sientes que el miedo te está afectando significativamente, considera buscar la ayuda de un profesional para que te oriente.

Los hombres no tienen miedo de las cosas, sino de la forma en que las ven.

— Epicteto

EL EGO

> *El ego es una máscara que oculta tu verdadera identidad.*
>
> — JIM CARREY

El ego, entendido como la parte de la psique que busca autoafirmación y reconocimiento, puede jugar un papel significativo en el proceso de superación personal después de una ruptura.

Cuando el ego está inflado, puede dificultar la aceptación de la realidad, la toma de responsabilidad y la apertura a nuevas perspectivas.

Es esencial establecer límites al ego, ya que su dominio puede ser el punto de partida para mejorar nuestro bienestar emocional. Personalmente, me di cuenta de que mi primer impulso era culpar a mi expareja por sus errores y hablar mal de su nueva compañía. Sin embargo, esta actitud solo me sumergía en un ciclo constante de malestar y conflicto, tanto con mi expareja como conmigo misma, lo que automáticamente me llevaba a sentir culpa, miedo y perpetuar un ciclo tóxico. En el fondo, simplemente deseaba pasar página y encontrar paz, pero la comparación, el dolor, la impotencia y la rabia me lo impedían.

El proceso de confrontar mi ego resultó abrumador y muy complejo. La ansiedad y la desesperación que experimentaba estaban estrechamente ligadas a la herida infligida en mi ego, reflejo del poco valor que sentía haber recibido. Entendí que necesitaba cambiar mi enfoque para encontrar paz y sanación.

Para lograrlo, comencé a ser consciente de mis acciones y palabras, reconociendo que mis deseos de paz no coincidían con mi actitud de confrontar a mi expareja. Me di cuenta de la importancia de establecer metas claras y actuar en consecuencia, incluso cuando la batalla parecía solitaria, tanto contra mi ex, como contra mí misma.

Decidí poner límites y trabajar en mi ego. Desarrollé una lista detallada de cómo había actuado en el pasado, las situaciones que detonaban mi ego y cómo deseaba comportarme en cada situación, practicando la asertividad y la calma mediante ejercicios de respiración y reflexión.

Esta lista incluía desde evitar temas personales pasados hasta controlar mi tono de voz y postura corporal. Reconocí que este proceso requeriría tiempo y esfuerzo, pero estaba decidida a mantenerme firme en mi búsqueda de sanación y a cumplir mi promesa de proporcionar un entorno estable para mi hijo.

Aprendí a evitar conversaciones presenciales o telefónicas cuando no me sentía emocionalmente preparada. Esperé el momento adecuado con el objetivo de mantener un tono respetuoso.

Comprendí que expresar mis sentimientos y necesidades de forma clara era fundamental para establecer una comunicación efectiva y constructiva. Más importante aún, esta práctica me permitió cultivar un nuevo nivel de respeto hacia mí misma y, por ende, hacia mi propia dignidad.

La sinceridad en la expresión de mis emociones y sentimientos se convirtió en una herramienta poderosa para fomentar la colaboración y el entendimiento mutuo. Empecé a comunicar cómo me sentía, y no cómo él me hacía sentir. En lugar de esperar a que mi expareja adivinara mis sentimientos o necesidades, aprendí a comunicarme de manera efectiva, lo que generó un mayor entendimiento mutuo y una conexión más profunda en nuestra relación. Aprendí a poner límites sin culpa y a velar por mi propio bienestar. Con el tiempo, comprendí la importancia de involucrar a mi expareja de manera sana y empática en los temas relacionados a nuestro hijo, reconociendo y respetando tanto sus intereses como los míos.

Poco a poco, sin siquiera percatarme, nos transformamos en socios estratégicos, aliados en la búsqueda del bienestar de nuestro hijo. Como en toda asociación, reconozco que no siempre estamos de acuerdo, pero hemos aprendido a manejar los conflictos de manera respetuosa y constructiva, buscando siempre el beneficio de nuestro hijo y la armonía en nuestra relación parental.

A lo largo de este proceso, reconocí la importancia de mantener el control emocional y buscar apoyo cuando sea necesario. Agradezco a Dios por la disposición de mi expareja para colaborar en este proceso, reconociendo que el esfuerzo conjunto fue decisivo para alcanzar una relación más saludable y constructiva por el bien de nuestro ángel.

El proceso de observación consciente nos brinda la oportunidad de detenernos antes de actuar impulsivamente desde el ego y, en su lugar, tomar decisiones más conscientes y alineadas con nuestros valores y metas más elevadas. Nos permite cuestionar nuestras motivaciones y considerar cómo nuestras acciones nos impactan a nosotros mismos y a los demás. Aunque puede requerir práctica y paciencia, el cultivo de esta habilidad de introspección nos capacita para accionar de manera proactiva cuando el ego amenaza con tomar el control. Nos da la capacidad de elegir respuestas más sabias y compasivas en lugar de reacciones automáticas impulsadas por el ego.

El problema del ego es que no nos damos cuenta de cuando entra en acción. Su influencia puede ser tan arraigada que a menudo nos resulta difícil reconocer cuándo está en juego. Por esta razón, es primordial adoptar una actitud de observación cuidadosa hacia nuestras acciones y reacciones.

Carl Jung, en su libro "Las relaciones entre el yo y el inconsciente", aborda la función del ego desde una perspectiva psicológica más amplia, explorando su relación con el inconsciente personal y colectivo. Explica cómo el ego actúa como centro de la conciencia y la identidad individual, pero también cómo puede ser influenciado por los contenidos inconscientes, dando lugar a conflictos y desarrollos psicológicos.

Al prestar atención a nuestros pensamientos, emociones y comportamientos, podemos empezar a identificar los patrones y señales que indican la presencia del ego. Esto nos permite tomar conciencia de cuándo está interfiriendo en nuestras relaciones, decisiones y bienestar emocional.

Después de una ruptura, el ego puede intervenir para protegernos del dolor emocional, generando defensas que evitan enfrentar directamente la experiencia. Al ser conscientes de nuestra propia vulnerabilidad, podemos transformar nuestras interacciones y relaciones, promoviendo una mayor autenticidad, conexión y crecimiento personal. La práctica continua de observación consciente nos empodera para vivir desde un lugar de mayor claridad, comprensión y equilibrio emocional.

La sobreprotección del ego puede convertirse en un intruso que obstaculiza el crecimiento personal al mantener una imagen inquebrantable de uno mismo y resistirse a los cambios necesarios para la transformación.

Eckhart Tolle en su libro "El poder del ahora" ofrece una perspectiva contemporánea sobre el ego desde una visión espiritual y práctica. Explica cómo la identificación con la mente y el ego nos aleja del momento presente, generando sufrimiento y conflicto. Propone la práctica de la atención plena como una forma de liberarse de la identificación con el ego y encontrar la paz interior.

¿CÓMO HACER CONSCIENTE TU EGO Y MEJORAR TU PROCESO?

- Reflexiona regularmente sobre tus pensamientos, acciones y emociones para identificar patrones egoístas y busca acciones para gestionarlos.
- Acepta la realidad tal como es para abrirte a nuevas posibilidades y experiencias. Mirar al pasado ya no es una opción.
- Trabaja en tu autoestima. El hecho de que tu ex no esté no quiere decir que no eres valioso. Acéptate y valórate.
- Llena tu ego con logros alcanzados, enfócate en nuevos logros tomando como base la experiencia del proceso de sanación.
- Practica la empatía para comprender más profundamente las relaciones y promover la conexión con los demás.
- Enfócate en ti y en lo que está en tu control, deja de lado todo lo que no construya.

- ✷ Cuida tu dignidad al manejar las situaciones de manera consciente y constructiva.
- ✷ Permítete experimentar la rabia, el dolor y todas las emociones pero de manera reservada o acompañado de un profesional. No lo hagas con tu ex.
- ✷ Aprende de todas las experiencias, incluso las difíciles, para impulsar tu crecimiento personal.
- ✷ Permítete ser vulnerable contigo mismo y con los demás para cultivar la autenticidad y la conexión emocional genuina.
- ✷ Utiliza técnicas de mindfulness para mantener la atención en el presente y reducir la influencia del ego.
- ✷ Evita compararte con otros y enfócate en tu propio proceso de sanación y crecimiento.

Es importante tener en cuenta que el ego es una parte natural de la psicología humana y no necesariamente es negativo. Sin embargo, en el contexto de una ruptura, puede ser útil estar consciente de cómo el ego puede afectar la percepción de uno mismo y la capacidad de avanzar hacia la superación personal de manera saludable.

La autorreflexión y la gestión consciente del ego pueden facilitar un proceso más equilibrado y constructivo tras una ruptura.

> *El ego es la fuente de todo sufrimiento.*
>
> —BUDDHA

"En la adversidad es donde se revelan los verdaderos guerreros."

— Anónimo

PALABRAS FINALES

En la travesía de la vida, enfrentamos diversas adversidades, y tomar responsabilidad emerge como un pilar clave para superarlas con éxito. En este libro, esta premisa se aplica de manera especialmente valiosa en el contexto de un duelo amoroso, pero trasciende a cualquier área de nuestra existencia.

En el proceso de ruptura, nos encontramos en una encrucijada donde nuestras decisiones pueden definir nuestro futuro. Podemos optar por victimizarnos y quedarnos estancados en el dolor y la tristeza, o podemos tomar acción y buscar un nuevo camino.

En mi trayectoria, he aprendido que la inacción puede ser el mayor obstáculo en la vida, ya que las cosas rara vez cambian si no nos movemos. La aceptación y toma de responsabilidad implica reconocer que, aunque no tengamos control sobre los eventos externos, sí tenemos el poder de elegir nuestra respuesta frente a ellos. Este principio es indispensable para afrontar un duelo amoroso con actitud y optimismo, así como para abordar cualquier desafío que la vida nos presente.

Tuve la valiosa oportunidad de trabajar en mí misma en medio del dolor, y espero que mi experiencia pueda ser útil para ti. A pesar de todo, he extraído valiosas lecciones de grandes mentores, que me han permitido profundizar en mi comprensión de mí misma y del mundo que me rodea.

Reflexionando sobre mi trayecto, me siento agradecida por las oportunidades de crecimiento y transformación que el divorcio me ha brindado. Este proceso me ha enseñado que incluso en medio del dolor más profundo, siempre hay espacio para el crecimiento y la esperanza. Al contemplar el camino recorrido, siento un profundo sentido de orgullo por los resultados logrados y por el progreso alcanzado. Esta satisfacción proviene tanto de los logros externos como de la transformación interna experimentada.

En este viaje, me doy cuenta de que, si no hubiera tenido el coraje de hacer cambios significativos en mi vida, estas páginas estarían llenas de tragedias y de mucho sufrimiento.

Si estás atravesando un proceso de ruptura o divorcio, quiero recordarte que eres más que una ruptura. Eres un ser humano extraordinario con un potencial ilimitado esperando ser desatado, no dudes de ello y ve por tus sueños.

Dios o el universo, te ha traído a este mundo con un propósito mucho más grande que el momento que estás enfrentando. Si tienes la convicción de que algo grandioso te espera, confía en que llegará. Aún no has escrito el último capítulo de tu historia, y cada nueva página puede estar impregnada de esperanza y amor propio si así lo decides. La elección es tuya, y depende de ti el trazar tu propio camino.

Espero sinceramente que los "10 poderes" aquí compartidos, te brinden más que una simple lectura, sino una invitación a atravesar tus propios desafíos con un renovado entendimiento y propósito.

Si te encuentras indeciso sobre el futuro de tu relación, te animo a explorar tus sentimientos más profundos y reflexionar sobre tu papel en esta historia compartida. El divorcio no debería ser la primera alternativa, sino la última opción luego de haber explorado todas las vías posibles para restaurar la conexión entre ambos. Si aún queda una chispa de esperanza, no pierdas la fe. Recuerda que buscar ayuda profesional también puede ser beneficioso en este camino hacia la reconciliación y el crecimiento.

Ten confianza en ti mismo y en el poder de tu amor para afrontar este desafío con esperanza y determinación. Si no hay más remedio, sigue adelante. La vida continúa y seguramente te depara cosas maravillosas.

Con estas palabras finales, cierro este libro como un testimonio de mi viaje hacia la aceptación, el crecimiento y la plenitud. A lo largo de estas páginas, he explorado el dolor, la pérdida y la transformación, pero también he encontrado la luz de la esperanza, la gratitud y el perdón. Mi vida no es perfecta, pero hoy disfruto el proceso desde otra perspectiva.

Espero que estas palabras te regalen una pequeña posibilidad de atravesar este proceso desde una perspectiva de crecimiento y aprendizaje para asimilar las lecciones de la vida y encontrar la fuerza para apreciarla con amor y gratitud.

Deseo que tú, querido lector, puedas encontrar tu propio camino hacia la felicidad y la realización. Estoy segura de que puedes elevarte.

Esto es sólo el comienzo de algo grande...

Muchos cariños.

SECCIÓN EXTRA

Sigue Explorando

APÉNDICE 1

PREGUNTAS GENERALES PARA POTENCIAR EL AUTOCONOCIMIENTO.

Como complemento del poder del autoconocimiento, te invito a sumergirte en un ejercicio de reflexión e indagación interior para seguir potenciando el conocimiento sobre ti mismo.

A través de preguntas reflexivas, podrás explorar aspectos sustanciales durante esta etapa de cambios. Este ejercicio te permitirá tomar conciencia de aspectos que quizás no hayas considerado hasta ahora y te guiará hacia una comprensión más profunda de tus propósitos y dirección en la vida. Tras responder cada pregunta, te invito a desarrollar un plan de acción basado en tus reflexiones.

EMOCIONES Y ADAPTACIÓN AL CAMBIO

¿Cómo te sientes ante los cambios actuales?
¿Cuáles son tus emociones predominantes?
¿Cómo ha evolucionado tu estado emocional desde el inicio?
¿Cómo gestionas esas emociones?
¿Cuáles son tus mayores temores y cómo los enfrentas?
¿Sientes alguna culpa o arrepentimiento en relación con la situación actual?

IDENTIDAD Y AUTOCONCEPTO

¿Cómo te defines en este proceso de cambio?
¿Cómo te ves fuera de la dinámica de pareja?
¿Qué valores quieres mantener durante esta transición?
¿Cuáles son tus valores más importantes en este momento?

Aprendizaje y Crecimiento Personal:
¿Qué has aprendido hasta ahora?
¿Cómo crees que este proceso te está haciendo crecer?
¿Qué aspecto de tu vida cambiarías para sentirte más realizado?
¿Qué pasiones te gustaría retomar o explorar?
¿Qué habilidades te gustaría desarrollar?

RELACIONES Y COMUNICACIÓN

¿Cómo han cambiado tus relaciones personales?
¿Qué esperas de tus relaciones cercanas durante y después del divorcio?
¿Cómo manejas las expectativas de otros en este proceso?
¿Cómo describirías la calidad de tu comunicación con tu expareja?
¿Cuáles son los mayores desafíos en la comunicación con tu expareja?

METAS Y FUTURO

¿Qué esperas lograr después del divorcio?
¿Qué cambios buscas en esta etapa de transición?
¿Han surgido nuevas metas o sueños a raíz de esta experiencia?
¿Cómo trabajarías para alcanzar esas metas?
¿Cuáles son tus metas personales y profesionales a corto y largo plazo?
¿Qué aspectos de tu rol como padre/madre deseas fortalecer?
¿Cómo te ves socialmente en el futuro?

APÉNDICE 2

Indaga sobre cada aspecto de tu vida, reflexiona y trabaja en un plan de acción con metas claras y acciones definidas para enfocarte en ellas.

	¿EN DÓNDE ESTÁS HOY?	¿EN DÓNDE QUIERES ESTAR MAÑANA?
Familia		
Amor		
Financiero		
Relaciones		
Profesional		
Estilo de vida		
Autocuidado		

Lista 3 acciones que debes hacer para llegar a donde quieres estar mañana en cada una de las categorías.

APÉNDICE 3

Indaga sobre tu amor propio, reflexiona y trabaja en un plan de acción con metas claras y acciones definidas para enfocarte en ellas.

Lista las 5 personas más importantes de tu vida.

Lista tus 5 principales talentos, habilidades.

Lista los límites que has logrado poner en tu vida.

Lista tus 5 principales logro.

Lista lo que crees que te hace único.

Lista 5 cosas de las que te sientes orgulloso.

Lista las actividades que te gustan.

Detalla los momentos más difíciles y coloca al lado de cada momento los aprendizajes que obtuviste.

Lista los momentos de valentía que recuerdas.

Lista 5 cosas que te gustan de tí, incluyendo tu cuerpo.

Lista los recuerdos más felices.

Cuando te encuentres en un momento de desánimo, toma esta lista y recuerda cada logro que has alcanzado. Es una hermosa manera de recordarte a ti mismo que siempre has sido capaz, incluso cuando en medio de la oscuridad no logras verlo o reconocerlo. Si te resulta difícil completar esta lista, no dudes en pedir ayuda a alguien que te ame tal y como eres; su perspectiva puede ayudarte a identificar esos logros que has subestimado.

NOTA

Si al responder la primera pregunta no te incluyes en la lista, es una señal de que hay un importante trabajo por hacer contigo mismo. Comienza por reconocerte como la persona más importante en tu vida y trabaja en fortalecerte. No podrás ser un apoyo para los demás si primero no te apoyas a ti mismo. Recuerda que cuidarte y valorarte es el primer paso para construir relaciones sanas y significativas.

APÉNDICE 4

Recordatorio importante para los días que te paralizan.

1. Recuerda siempre que, paralizarse no cambiará tu realidad; es la acción la que tiene el poder de transformarla. Aunque no puedas controlar las acciones de tu pareja, sí puedes controlar las tuyas. Tu fuerza de voluntad es esencial en este camino de sanación. Mantén tus metas claras para enfocarte en tu nueva versión, y recuerda que el divorcio es solo un capítulo en tu vida, no la historia completa. La clave no es resignarse, sino ser resiliente.

2. El progreso se logra a través del 1% de cambios diarios. Enfrenta tus sentimientos en lugar de evitarlos, y recuerda que nadie hará esto por ti; es tu responsabilidad. A pesar de las dificultades, este proceso te brindará valiosas lecciones, así que no busques amor, trabájalo en ti mismo, y construye tu ser desde adentro. Trabaja en la culpa y el arrepentimiento, y enfócate en ti y en tus hijos si los tienes.

3. La soledad es una parte esencial; utilízala para descubrirte. Llora, grita, siente, reconoce la emoción, abrázala y suelta. Las emociones son parte del proceso y está bien sentir que caes o retrocedes. No compares tu progreso con el de otros, y recuerda que la reinvención personal es una posibilidad.

4. Cuando te encuentres en la encrucijada de la incertidumbre, recuerda tomar un momento para reflexionar y mantener la calma. Revive tus logros pasados y sumérgete en actividades que te llenen de nuevo de energía. Si te topas con obstáculos que te hacen sentir estancado, date permiso para desconectar y dar espacio a tu proceso de reconexión.

Utiliza tu propia historia como un firme ancla para sostener tu rumbo en medio de la tormenta, y como un poderoso trampolín que te impulse hacia nuevas alturas.

5. No te dejes influenciar por lo que otros dicen, y evita investigar sobre lo que está haciendo tu ex. No necesitas dar explicaciones ni pedirlas. Cuanto más sabes, menos avanzas, así que en lugar de sumergirte en redes sociales, busca actividades constructivas cómo escuchar podcasts, caminar al aire libre o leer un libro.

6. Habla con amabilidad a tus hijos, y escucha y procesa tus pensamientos antes de reaccionar. Respira, fluye y nunca dejes de intentar. Aprovecha el silencio para reconectar contigo mismo, y recuerda que la autocompasión es tu aliada; sé amable contigo mismo en momentos difíciles.

7. **Agradece, perdona y fluye con la vida.** La vida está llena de posibilidades, así que mantén la mente abierta a nuevas experiencias y oportunidades. Honra tu dignidad, y no hagas algo de lo que te vayas a arrepentir. Vive tu propio proceso, y busca apoyo de personas que ya lo hayan superado. Rodéate de personas que te apoyen y te alienten en tu proceso. Busca la ayuda de profesionales si sientes que lo necesitas, y recuerda que el tiempo sin acción e intención, es solo tiempo.

8. Disfruta del viaje, confía en que los resultados llegarán, y trabaja para convertirte en la persona que aspiras ser. Desafía tus propias creencias, recordando que tu valía se construye sobre tus decisiones y acciones, no solo en tus palabras. Cultiva una mentalidad de crecimiento constante y establece metas realistas y alcanzables. Reconoce que

experimentar dolor y tristeza es parte natural de la vida, pero celebra cada avance en tu proceso de desarrollo personal como un logro significativo.

Recuerda siempre, querido lector, que tienes el poder dentro de ti para superar este desafío y salir más fuerte del otro lado. Yo pude.

¡TÚ PUEDES!

AVISO IMPORTANTE

Si sufres de depresión o ansiedad, busca la ayuda de un profesional. La salud mental es un asunto serio y no debe tomarse a la ligera. Cuidar de ti mismo es esencial y siempre hay apoyo disponible.

LECTURAS RECOMENDADAS

Conexión con el presente y espiritualidad:
"El poder del ahora" de Eckhart Tolle.
"Tu mejor vida ahora" o "Yo declaro" de Joel Osteen.
"Cambia tu mundo" de John Maxwell.
"Usted puede sanar su vida" de Louise Hay.
"Eat Pray and Love" de Elizabeth Gilbert.
"La Biblia".
"El poder de confiar en ti mismo" de Louise Hay.
"Un curso de milagros" de Helen Schucman.
"El don del perdón: Un regalo que nos podemos dar" de Gerald Jampolsky y Diane Cirincione.
"Ama tu soledad" de Borja Vilaseca.

Hábitos y desarrollo personal:
"Hábitos atómicos" de James Clear.
"30 días para cambiar de hábitos, cambiar de vida" de Marc Reklau.
"Vivir y trabajar con entusiasmo" de Victor Kuppers.
"La filosofía del éxito" de Napoleon Hill.
"The Greatness Mindset" de Lewis Howes.
"Enamórate de ti" o "Amar o depender" de Walter Riso
"Inteligencia emocional" de Daniel Goleman.
"Una cita contigo misma" Mary Tere Lee.
"El camino de las lágrimas" de Jorge Bucay.

Perspectiva científica y desarrollo personal:
"¿Cómo hacer que te pasen cosas buenas" de Marian Rojas Estapé.
"Reinventarse", "Tu segunda oportunidad", y "Ahora yo". de Mario Alonso Puig.
"Cambia tu cerebro, cambia tu vida" del Dr. Daniel G. Amen.
"Deja de ser tú" de Joe Dispenza.

Acción y Motivación:
"Despierta tu gigante interior" y "Poder sin límites: La nueva ciencia del desarrollo personal" de Tony Robbins.
"Las cinco piezas del rompecabezas de la vida" y "Los secretos del éxito" de Jim Rohn.
"Eat That Frog!: 21 Great Ways to Stop Procrastinating and Get More Done in Less Time" y "No Excuses!: The Power of Self-Discipline" de Bryan Tracy.

Coparentalidad:
"Padres separados, padres divorciados" de Michael R. Greenberg.
"Ser padres después del divorcio" de Florence Millot.
"Cómo hablar con tus hijos sobre el divorcio" de Jill Jones-Soderman y Alison Quattrocchi.
Con estas recomendaciones, tendrás una lista completa y diversa de lecturas para explorar diferentes aspectos del crecimiento personal, espiritualidad, éxito y motivación.

OTRAS REFERENCIAS BIBLIOGRÁFICAS

Barrett, L. F. (2022). *Siete tipos de emociones*. Barcelona: Paidós.

Barrett, L. F. (2017). *How emotions are made: The secret life of the brain.* Houghton Mifflin Harcourt.

Barrett, L. F. (2019). *Seven and a half lessons about the brain.* Houghton Mifflin Harcourt.

Berkman, E. T., & Lieberman, M. D. (2021). *The neuroscience of gratitude: A critical review.* Social Cognitive and Affective Neuroscience, 16(1), 1-15. https://doi.org/10.1093/scan/nsaa154

Boehm, J. K., & Lyubomirsky, S. (2021). *Forgiveness and mental health: A meta-analysis.* Journal of Personality and Social Psychology, 121(2), 257-276.

Bonanno, G. A. (2004). *Loss, trauma, and human resilience.* Washington, DC: American Psychological Association.

Brach, T. (2020). *La sabiduría del corazón: cómo transformar la ira, el miedo y la tristeza en amor, compasión y sabiduría*. Barcelona: Kairós.

Brewer, J. (2018). *The Craving Mind: From Cigarettes to Smartphones to Love – Why We Get Hooked and How We Can Break Free.* New York: HarperCollins

Brown, B. (2012). *Daring greatly: How the courage to be vulnerable transforms the way we live, love, parent, and lead.* New York: Gotham Books.

Brown, B. (2012). *Los dones de la imperfección.* Editorial Vergara.

Brown, B. (2017). *El poder de la vulnerabilidad.* Barcelona: Paidós.

Cairns, A. C. E., et al. (2023). *Long-term mental health outcomes of children of divorce: A systematic review and meta-analysis.* Psychological Medicine, 53(2), 335–347.

Chapman, G. (2017). *Los cinco lenguajes del amor.* Barcelona: Paidós.

Chopra, D. (2013). *Las siete leyes espirituales del éxito*. HarperCollins.

Churchill, W. S. (1941, 29 de octubre). *Discurso en el Guildhall.* Londres, Inglaterra.

Damasio, A. R. (2018). *El error de Descartes: la emoción, la razón y el cerebro humano*. Barcelona: Crítica.

Damasio, A. R. (2018). *The feeling of what happens: Body and emotion in the making of consciousness*. Vintage.

D'Angelo, D. (2014). *El arte del perdón*. Ediciones Obelisco.

Davidson, R. J. (2012). *The emotional life of your brain: How its unique patterns affect the way you think, feel, and live.* HarperCollins.

DeSteno, D. (2020). *El error del yo: por qué nuestras decisiones nos equivocan y cómo podemos acertar.* Barcelona: Debate.

Dispenza, J. (2016). *Deja de ser tú: Libera el poder de tu mente para reprogramar tu cuerpo, tu cerebro y tu vida.* Hay House.

Documental *"Ho'oponopono: The Healing Power of Forgiveness"*: https://www.youtube.com/watch?v=Ajf3-ix4XZg

Doherty, W. J., et al. (2023). *The family resilience intervention for divorce: A randomized controlled trial.* Journal of Marital and Family Therapy, 49(1), 122–137. https://doi.org/10.1111/jmft.12344

Doka, K. J. (2013). *Disenfranchised grief: New directions for counseling and care.* New York: Routledge.

Eagleman, D. (2015). *The brain: The secret of who we are*. Pantheon Books.

Earhart, A. (1932). 20 hrs., 40 min.: Our flight in the Friendship. Houghton Mifflin Company.

Eberhardt, J. L. (2019). *Justificando la injusticia: cómo el cerebro nos hace cometer errores en la justicia penal.* Barcelona: Paidós.

El libro "*Zero Limits*" de Joe Vitale: [https://www.googleadservices.com/pagead/aclk?sa=L&ai=DChcSEwi7qOmr7byEAxX2sFoFH-da1CcsYABACGgJ2dQ&ase=2&gclid=CjwKCAiA29auBhBxEiwAnKcS-qmvUFXBfjcxlDKcWW94B45RuKFucmwW6Q31KfRlDe-FMhonxnoQfWihoCnFgQAvD_BwE&ohost=www.google.com.co&cid=CAESV-D2RM7GSVgMYHLuuZfKbGaLTuWCugd1qDtCfapAl7D-ylptE_zhEjQpau_4Qto1Twxffzblv56iFLEHDu6ZIOWh6AaYaCqLkfDHD-jSZ9K-OCrlVQ0Yixyw&sig=AOD64_0scy-T6UEtymDPlMOjd4bQtpN8gg&q&-nis=4&adurl&ved=2ahUKEwiv1-Cr7byEAxVZhlQIHVKnBVIQ0Qx6BAgDEAE]

El sitio web oficial de Ho'oponopono: [https://hooponopono.org/]

Emmons, R. A. (2007). *¡Gracias!: Cómo la gratitud puede hacernos más felices.* Barcelona: Paidós.

Enright, R. D. (2001). *El perdón: El camino hacia la paz interior.* Paidós.

Fincham, F. D., & Beach, S. R. H. (2020). Forgiveness and marital satisfaction: A longitudinal analysis. Journal of Personality and Social Psychology, 119(5), 1034-1045.

Flouri, E., & Karatzias, T. (2021). *Understanding the role of post-divorce narrative reconstruction in the development of resilience in adulthood: A qualitative study.* Journal of Divorce & Remarriage, 62(4), 441–454.

Fox, K. R., & Christoff, K. (2021). *The neurobiology of gratitude: Insights from functional neuroimaging.* Social Neuroscience, 16(3), 347-363.

Giannantonio, M. (2020). *La resiliencia en los hijos de padres divorciados.* Madrid: Ediciones Pirámide.

Gilovich, T. (2019). *Cómo nos engañamos a nosotros mismos.* Barcelona: Paidós.

Gordon, K. C., Buehler, C., & Slatcher, R. B. (2021). *Forgiveness and coparenting: A systematic review and meta-analysis.* Journal of Family Psychology, 35(6), 797-810.

Gottman, J. (2019). *Los siete principios para que el matrimonio funcione.* Barcelona: Paidós.

Gouin, J. P., Hilt, L. M., & Widman, L. (2019). *Forgiveness and long-term psychological and physical health: A 10-year prospective study.* Journal of Personality and Social Psychology, 117(6), 1075-1087.

Harris, J. R. (1997). *El mito de la crianza: ¿Realmente importa quién te crió?* Editorial Paidós.

Harris, R. (2021). *La trampa de la felicidad: libera tu mente de las emociones que te controlan.* Barcelona: Paidós.

Hay, L. (2017). *Sana tu cuerpo.* Ciudad de México: Diana.

Hayes, S. C. (2023). *Una mente liberada: la guía para superar el sufrimiento y vivir con plenitud.* Barcelona: Paidós.

Hofmann, S. G., & Borkovec, T. D. (2017). *Terapia de exposición: Principios y práctica.* Madrid: Desclée de Brouwer.

Inley, G. (2020). *El poder de la autocompasión.* Barcelona: Paidós.

Irvine, W. B. (2018). *Un manual para la vida: la filosofía estoica como terapia.* Barcelona: Ariel.

Jobs, S. (2011). *La intuición como maestra sabia.* [Discurso de graduación en la Universidad de Stanford]. Stanford, CA: Stanford University.

Johnson, S. (2019). *Hold Me Tight: Seven Conversations for a Lifetime of Love.* New York: Penguin Random House.

Kahneman, D. (2011). *Pensar rápido, pensar despacio.* Barcelona: Debate.

Kahneman, D. (2021). *Ruido. Un fallo en el juicio humano.* Barcelona: Debate.

Karremans, J. C., Van den Berg, S. M., & Nieuwbeerta, P. (2021). *Forgiveness and postdivorce relationship satisfaction: The role of communication and coparenting quality.* Journal of Divorce & Remarriage, 62(1), 1-14.

Karremans, J. C., van der Veen, F. M., & Roelofs, K. (2020). *Forgiveness reduces cortisol reactivity to conflict: Evidence from a daily diary study.* Journal of Personality and Social Psychology, 119(2), 312-323. https://doi.org/10.1037/pspi0000264

King, M. L. (1963). *Strength to love*. Fortress Press.

Koenig, H. G. (2020). *Religion, spirituality, and mental health: An overview.* Oxford University Press.

Lenoir, F. (2017). *El poder del perdón.* Ediciones Paidós.

Levine, A., & Heller, R. (2019). *Attached: The new science of adult attachment and how it can help you find - and keep - love.* New York: HarperCollins.

Marden, O. S. (1901). *Pushing to the front.* Lothrop Publishing Company.

Maxwell, J. C. (2012). *Las 21 leyes irrefutables del liderazgo*. Nashville, TN: Thomas Nelson.

Meyer, J. (2003). *Actitud de victoria*. Editorial Casa Creación.

Miller, L. J. (2018). *The spiritual brain: A neuroscientist's case for the power of faith.* HarperCollins.

Obama, M. (2018). *Becoming. New York:* Crown Publishing Group.

Organización Mundial de la Salud (OMS). (2021). *Aspectos sociales de la salud: Soledad y aislamiento social.* [https://www.cdc.gov/aging/spanish/features/lonely-older-adults.html]

Osteen, J. (2023). *Canal de YouTube de Joel Osteen.* [Video]. YouTube. [https://www.youtube.com/@JoelOsteenEnEspanol]

Oussaint, L., Sbarra, D. A., & Karremans, J. C. (2022). *Forgiveness and cardiovascular health: A systematic review and meta-analysis.* Psychosomatic Medicine, 84(4), 369-380. https://doi.org/10.1097/PSY.0000000000000944

Pargament, K. I. (2022). *The psychology of religion and spirituality: A handbook*. Guilford Press.

Perel, E. (2020). *El dilema del erizo: el arte de amar en tiempos de desconfianza.* Barcelona: Paidós.

Pigliucci, M. (2017). *Cómo ser un estoico: Guía práctica para una vida con sentido.* Barcelona: Alianza Editorial.

Real, T. (2018). *The New Rules of Marriage: What You Need to Know to Make Your Relationship Thrive.* New York: HarperCollins.

Robbins, T (2019). *Poder sin límites.* Barcelona: Ediciones Urano.

Reklau, M. (2023). El poder de la gratitud: 7 pasos para una vida más feliz, exitosa y llena de significado. Editorial Alienta.

Jung, Carl Gustav. "El Yo y el Inconsciente." Editorial Trotta, 1934.

Amen, D. G. (2010). "Change Your Brain, Change Your Life: The Breakthrough Program for Conquering Anxiety, Depression, Obsessiveness, Anger, and Impulsiveness."

Amen, D. G. (2016). "The Brain Warrior's Way: Ignite Your Energy and Focus, Attack Illness and Aging, Transform Pain into Purpose."

Amen, D. G. (2018). "Memory Rescue: Supercharge Your Brain, Reverse Memory Loss, and Remember What Matters Most."

Amen, D. G. (2020). "The End of Mental Illness: How Neuroscience Is Transforming Psychiatry and Helping Prevent or Reverse Mood and Anxiety Disorders, ADHD, Addictions, PTSD, Psychosis, Personality Disorders, and More."

Made in the USA
Columbia, SC
04 July 2024

38099294R00159